Thomas Gaevert

DT64 – Das Jugendradio aus dem Osten 1964-1993

Titelbild: Studio des "Jugendradio DT64", im Funkhaus in der Nalepastrasse (hier die Moderatorin Dörte Caspari) Berlin 1991, ullstein bild 00241849.

Thomas Gaevert, geb 1964, arbeitet als freiberuflicher Journalist und Autor für verschiedene Hörfunk- und Fernsehredaktionen. Zu den bisherigen Schwerpunktthemen gehört die Auseinandersetzung mit der DDR-Vergangenheit sowie die Geschichte der Geheimdienste in der Zeit des Kalten Krieges.

Landeszentrale für politische Bildung Thüringen
Regierungsstraße 73, 99084 Erfurt
www.lzt-thueringen.de

2018

ISBN: 978-3-946939-29-0

Inhaltsverzeichnis

Eure Sendung, junge Leute!

„16 Uhr. Hier ist der *Berliner Rundfunk* mit der Sendung *DT64*! Über UKW und Mittelwellen. Drei Stunden Musik und gute Worte. Eine Donnerstags-Sendung, bei der die Zutaten stimmen. Allen Tachchen, Tachchen, sagt der Achim!“ So konnte nur eine typische Begrüßung zum *Jugendstudio DT64* klingen. Fast jeder, der in der DDR aufwuchs, kannte das Nachmittagsmagazin im *Berliner Rundfunk*. Damals war ich selbst noch ein Jugendlicher. Ausgestattet mit meinem funkelnagelneuen Stern-Kassettenrekorder, den ich mir von meinem Jugendweihe-Geld gekauft hatte, begann ich alle erreichbaren Radiosender nach westlichen Musiktiteln zu durchsuchen. Wann immer es ging, versuchte ich alles mitzuschneiden, was ich in der DDR weder auf Schallplatte noch auf Kassette kaufen konnte. Neben einigen Westsender wie NDR2 und Bayern3 wurde ich auch beim *Berliner Rundfunk* fündig. *Duett – Musik für den Rekorder* hieß zum Beispiel eine Sendung, bei der man ganze Plattenseiten mitschneiden konnte. Nach *Duett* begann dann erst das eigentliche *Jugendstudio*. Auch hier waren jede Menge westlicher Musiktitel zu hören. Sicherlich – es gab mittendrin auch Wortbeiträge und Kurzreportagen über Sozialismus, FDJ-Leben, Armee und Jugendforscherkollektive. Dennoch klang *DT64* weltläufiger und aufgeschlossener als andere DDR-Programme. Neben der üblichen Propaganda kamen auch ganz normale Alltagsthemen zur Sprache, die mich als Jugendlicher bewegten, wie erste Liebe, Berufswahl und ähnliches.

Dies ist eine Spurensuche. Die Spurensuche nach einer Radiolegende, deren Anfänge bereits in den 60er-Jahren liegen. Denn Geschichte dieses einzigartigen Radiosenders ist zugleich auch ein Stück deutsch-deutscher Geschichte vor dem Hintergrund zweier konkurrierender politischer Systeme. In welchem politischen Spannungsfeld bewegte sich *DT64* damals? Was machte den raschen Erfolg des Programms aus? Wie überlebte es die verschiedenen politischen

Umbrüche? Unter den Zeitzeugen, die für diese Spurensuche zur Verfügung standen, werden auch einige „Macher“ von damals sein: Redakteure, Moderatoren – aber auch weniger bekannte Mitarbeiter, die in verschiedenen Interviews und Gesprächen auf ihre Arbeit bei *DT64* zurückblicken werden.

Wir möchten mal so einen richtigen Sender für uns

„Ich habe Tag und Nacht, wenn ich konnte, Radio gehört. Ich bin beim Radio aufgewacht. Und ich dachte, genau das musst du mal schaffen."

Margarethe Ortner war ein typisches Nachkriegskind. Sie verbrachte ihre Kindheit und Jugend in Erfurt. Sie hatte einen großen Traum: einmal zum Rundfunk zu gehen. Die Voraussetzungen dazu waren gar nicht so schlecht. In der Nachkriegszeit regte sich wieder Leben. Überall wurden Leute gesucht – auch beim Rundfunk, der neu aufgebaut werden musste.

Dazu gehörte auch Landessender Weimar – damals Außenstelle und lokales Sendefenster des *Berliner Rundfunks*. Die junge Margarethe Ortner beschloss, sich dort zu bewerben: „Und da haben wir uns unterhalten und am Schluss des Gespräches informierte man mich darüber, dass eine Rundfunkschule eröffnet werden soll – und zwar in Berlin Grünau. Ich bin dann zu dieser Schule gegangen. Das dauerte ein dreiviertel Jahr."

Mit der Gründung der DDR hatte sich die SED den uneingeschränkten Zugriff auf den Rundfunk gesichert. Das 1952 gegründete Staatliche Rundfunkkomitee hatte die Aufgabe, für die Durchsetzung sozialistischer Programmstrukturen zu sorgen. Dazu gehörte auch, dass ab 1954 sämtliche Programme zentral in Berlin produziert wurden. Um dies zu ermöglichen, ging ein neues Funkhaus in der Ost-Berliner Nalepastraße in Betrieb. Hier sollten fortan der *Berliner Rundfunk*, der Deutschlandsender (später „Stimme der DDR"), die Sender Radio DDR I und II, die Berliner Welle sowie mehrere Auslandsprogramme produziert werden. „Alles ging praktisch nach Berlin bis auf die Studios, die in den Ländern blieben", erinnert sich Margarethe Ortner. „Auch ich ging nach Berlin zum Jugendfunk. Da habe ich meine ersten Schritte als Rundfunkmoderatorin gemacht. Wir haben dort treu und brav Sendungen produziert, alles schön aufgeschrieben, al-

Süddeutsche Zeitung, Bild 00155077, Peter Probst

Hauptschaltraum des zentralen Funkhauses der DDR in der Nalepastraße in Berlin-Oberschöneweide, in dem bis 1990 alle Radioprogramme der DDR produziert wurden.

les schön abgelesen, aber eigentlich hatten wir immer nur den einen Traum: Wir möchten mal so einen richtigen Sender für uns haben – oder zumindest lange Sendezeit für ein Jugendprogramm, in dem wir das machen können, was wir gerne wollen. Dieser Traum hat sich dann 1964 erfüllt. Es gab damals ein Jugendkommuniqué des Zentralkomitees der SED, in dem die Partei der Jugend zusicherte, dass sie nun mehr Möglichkeiten habe, sich zu verwirklichen, dass die Stimme der Jugend fortan gefragt sei, dass sie sich entfalten darf, sich auch nicht alles gefallen lassen kann und soll. Gleichzeitig wollte man der Jugend mehr Freiheiten im täglichen Leben zugestehen, sodass sie nach ihrer eigenen Fasson leben kann. Damit waren auch solche Kleinigkeiten gemeint, wie das Tragen von langen Haaren, oder dass jeder nach der Musik tanzen kann, die er möchte. Und unter diesem Stern wurde dann *DT64* gegründet."

Begünstigt wurde der Sendestart von *DT64* durch eine unerwartete Liberalisierungsphase in der DDR, die durch den VI. Parteitag der SED im Januar 1963 ausgelöst wurde. Um die maroden Strukturen der sozialistischen Planwirtschaft anzukurbeln, wollte die Partei den Betrieben fortan mehr Eigenverantwortung zugestehen. Auch auf dem Gebiet der Kultur- und Jugendpolitik wurden Erleichterungen in Aussicht gestellt. In einem Jugendkommuniqué der SED hieß es dazu: „Niemandem fällt ein, der Jugend vorzuschreiben, sie solle ihre Gefühle und Stimmungen beim Tanz nur im Walzer- oder Tangorhythmus ausdrücken. Welchen Takt die Jugend wählt, ist ihr überlassen: Hauptsache, sie bleibt taktvoll." Auch der DDR-Rundfunk sollte sich diesem politischen Schwenk anpassen. Deshalb ließ der stellvertretende Vorsitzende des Staatlichen Rundfunkkomitees, Reginald Grimmer, verkün-

ullstein bild, 02979714

Jugend für Frieden und Völkerfreundschaft: Aufmarsch der FDJ vor der Ehrentribüne auf dem Marx-Engels-Platz, Ost-Berlin, 16. Mai 1964.

den: „In unseren Sendungen muss die neue Melodie des Kommuniqués durchdringen. Es geht darum, auf dem Gebiet der Jugendarbeit eine revolutionäre Umwälzung zu vollziehen…“

Den Anlass für ein entsprechendes Pilotprojekt bot das vom Verband der „Freien Deutschen Jugend“ (FDJ) in Ost-Berlin organisierte 3. Deutschlandtreffen der Jugend vom 15. bis 18. Mai 1964 in Berlin. Solche Treffen hatten bereits in den Jahren 1950 und 1954 stattgefunden. Sie sollten unter anderem für die deutsche Einheit nach den Vorstellungen der DDR werben. Am ersten Deutschlandtreffen nahmen etwa siebenhunderttausend Jugendliche teil, darunter dreißigtausend aus der Bundesrepublik. Auch dieses Mal wurden über eine halbe Million Teilnehmer erwartet, darunter fünfundzwanzigtausend aus der Bundesrepublik. Mit einem bunten kulturellen Programm und öffentlichen Diskussionsforen sollte den Besuchern aus dem Westen das Leben und der sozialistischer Alltag nach dem Mauerbau in der DDR nähergebracht werden. Dafür musste ein zeitlich auf die Dauer des Festivals abgestimmtes Sonderprogramm des DDR-Rundfunks organisiert werden. Siegmar Krause, damals Chef der Jugendredaktion beim *Berliner Rundfunk*, erinnert sich: „Die Idee zu dem Sonderprogramm hatten wir drei Redaktionsleiter der damaligen Jugendprogramme. Neben mir waren das damals Otto Baalk von Radio DDR, ein sehr ideenreicher Mann, und Kurt Seehafer vom Deutschlandsender. Wir haben uns gesagt: wir können doch nicht alle drei vor uns hin „wursteln“, während hier in Berlin die gesamte deutsche Jugend vertreten ist. Nein, wir „hauen“ uns zusammen und machen ein gemeinsames Sonderprogramm.“

Ausgestrahlt werden sollte dieses Festivalprogramm von Freitag, dem 15. Mai 1964, bis Dienstag, dem 19. Mai, über den Mittelwellensender des *Berliner Rundfunks* sowie die UKW-Frequenz von Radio DDR.

Das Team für das Sonderprogramm *„Deutschlandtreffen 64“* – auch kurz *„DT64“* genannt – bestand aus acht Moderatoren. Neun weitere Mitarbeiter wurden mit organisatorischen Aufgaben betraut. Fünf Redakteure und zwei Programmkoor-

Wikipedia Commons

Logo des „Jugendradio *DT64*“.

dinatoren zeichneten für die Inhalte verantwortlich.

Bereits in der Vorbereitungsphase wurde deutlich, dass das Musikprogramm zu den heikelsten Punkten gehören würde. Siegmar Krause verhandelte darüber im Vorfeld mit Gerhart Eisler, dem Vorsitzenden des Staatlichen Rundfunkkomitees: „Also Professor, was ist nun? Mit DDR-Schlagertiteln dieses Sonderprogramm zu füllen, das können wir gleich vergessen. Wir müssen auch Westtitel spielen und vor allen Dingen auch die Beatles. Die Jugendlichen hören sowieso die Beatles! Und wenn sie schon die Beatles hören, dann sollen sie ihre Musik auch bei uns hören!“ Eisler hörte sich geduldig die Argumente an und gab Krause überraschend grünes Licht: „Macht mal.“

Zuständig für die Beschaffung der Musik war Siegmar Krauses Stellvertreter Manfred Kühn. Was er nicht über westliche Plattenlabel besorgen konnte, wurde bei den Westsendern ganz einfach mitgeschnitten. Sieben Musikredakteure sorgten an den Bandmaschinen und Plattentellern für den nötigen Beat und Swing. Im Repertoire waren selbstverständlich auch die Beatles als angesagteste Band dieser Zeit. Ihre neue Single *I Want to Hold Your Hand* wurde von einem West-Berliner Kameramann in die *DT64-Redaktion* nach Ost-Berlin geschmuggelt. Gemäß einer entsprechenden Regelung durfte bei öffentlichen Veranstaltungen nur 40 Prozent Westmusik gespielt werden. Die übrigen Titel mussten aus der DDR oder dem sozialistischen Ausland sein. Eine unsinnige Vorgabe, an die sich in diesen Tagen niemand hielt.

Gesendet wurde direkt von der Straße. Dafür standen sechs Übertragungswagen, eine auf der Spree schwimmenden UKW-Station sowie ein gläsernes Sonderstudio am Alexanderplatz zur Verfügung. Dazu Siegmar Krause: „Wir haben ein Netz von ‚Zapfstellen' in der ganzen Stadt geschaffen, wo die Ü-Wagen sich einklinken konnten. Damit waren wir in der Lage, in ‚Nullkommanischt' live zu senden. Allerdings muss man wissen, dass die Programmformen in dieser Zeit wie erstarrt waren. Verbindende Texte und Moderationen im regulären Programm – da war jedes Wort und jedes Komma aufgeschrieben. Für *DT64* – ich habe das damals durchgesetzt – hatten wir nur noch einen Laufplan. Darauf waren die Wortbeiträge angegeben, die Musiktitel und vielleicht ein einziges Stichwort. Ansonsten hat der Moderator „aus dem Hut" – wie man so sagt – moderiert. Das war natürlich lebendiger! Selbstverständlich wurde das von den Genossen misstrauisch beäugt, denn das war doch ein Risiko: um Gottes willen, der Moderator kann sich plötzlich verhaspeln und politischen Unsinn sagen!"

Die junge Margarethe Ortner gehörte zu den Moderatorinnen der ersten Stunde: „Also der eigentliche Sendestart vom *Sonderstudio DT64* ging mit einem großen Signal los: Deutschlandtreffen, das war das Hauptmotto auch zum Einstieg. Und dann sprachen der Vorsitzende unseres Rundfunkkomitees, Gerhardt Eisler und FDJ-Sekretär Siegfried Lorenz. Sie begrüßten alle Hörer und die Besucher in Berlin."

Es gibt nur noch wenige überlieferte Tondokumente, die vom Sonderprogramm *DT64* erhalten geblieben sind. Überliefert ist jedoch ein Protokoll des West-Berliner Senders *RIAS*, der über seinen Monitordienst die Kollegen aus Ost-Berlin genau beobachten ließ. In diesem Protokoll heißt es, dass die akustische Komposition des *DT64-Programms* schnell und knapp sei, der „Wort“-Sound frech und lakonisch.

Am Abend des 15. Mai 1964 lief zunächst von 20.05 bis 20.50 Uhr ein Wunschkonzert mit Grüßen an Freunde und Verwandte. Danach empfahl der Vorsitzende des Staatlichen Rundfunkkomitees Eisler mit seinem wienerischen Zungenschlag den *DT64-Kundendienst*.

Nach den 21.00-Uhr-Nachrichten brachte *DT64* eine längere Reportage-Strecke mit Schaltungen zu den Sonderzügen in Plauen und Meiningen. Junge Meininger Mädchen erzählten dem Reporter vom „Gütezeichen Q“, der höchsten in der DDR erreichbaren Qualitätsstufe, die sie in ihrem Volkseigenen Betrieb bekommen hätten. Diese würden sie nun selbstverständlich zum Deutschlandtreffen mitbringen. Als sie weitere Nachfragen nicht beantworten wollten, unterbrach Moderatorin Margarethe Ortner die Leitung nach Meiningen für ein paar Takte Musik. Danach meldete sich ein Reporter aus Plauen, der am Bahnhof gut gelaunte junge FDJler befragen wollte. Die jungen Menschen polterten bierselig durch die Zugabteile und erläuterten dem Journalisten pflichtgemäß, warum sie als sozialistische Neuerer nach Berlin fahren dürften und warum das für sie eine Auszeichnung sei.

„Wir haben 99 Stunden praktisch ohne Pause gesendet.“ erinnert sich Margarethe Ortner im Rückblick. Zusammen mit Karl-Heinz „Kalle“ Neumann, einem Redakteur und Moderator vom *Berliner Rundfunk*, berichtete sie vor allem nachts vom Festivalgeschehen in Ost-Berlin: „Es wurde ja auf allen Straßen und Plätzen übertragen und das Neue war daran, dass wir wirklich frei reden durften. Alles, was die Moderatoren und Reporter mit dem Mikro getan haben, das war wirklich original und im Moment entstanden. Und das hat einen ungeheuren Spaß gemacht. Wir schalteten uns zum Beispiel direkt in Diskussionen ein, die es auf der Straße oder in irgendwelchen Sälen gab. Es waren ja auch viele junge Leute aus Westdeutschland da. Und da ging es manchmal ganz schön konträr zu in diesen Diskussionen. Es war erstmalig so, dass sowas original über den Sender ging, ohne dass nun jemand gesagt hätte: Regler zu, können wir nicht machen.“

In einem nach dem Untergang der DDR veröffentlichten Interview (Quelle: *DT64* Das Buch zum Jugendradio, Tom-Verlag 1993) beschreibt Moderator Karl-Heinz Neumann die lockere Stimmung: „*DT64* war immer dabei, nichts wurde ausgespart. Antworten von DDR Ministern kamen auf einmal live über Funk, und man merkte, dass diese ins Schwitzen kommen. *DT64* registriert alles, auch die Lyriklesung in Adlershof vor gesamtdeutschem Publikum mit Volker Braun und Wolf Biermann, Heinz Kahlau und Günther Wünsche, Jens Gerlach und Adolf Endler, Sarah und Rainer Kirsch. Überall sollte *DT64* sein, fragen, recherchieren, Wünsche erfüllen, Musik bringen – und auf einmal war ein Jugendsender da, der von manchen, der ihn in der S-Bahn zu hören bekam, als Westsender identifiziert wurde, weil doch nach landläufiger Meinung ein DDR-Sender trocken, langweilig, ledern und monoton zu sein hatte. Vor allem aber schlug die Musik ein. Praktisch bis kurz vor dem Deutschlandtreffen waren Rock'n'Roll und Beat ja noch als Unkultur verschrieen, besser gesagt: verboten. Trotzdem hat natürlich die Beatles-Welle 1964 auch die DDR voll erfasst. Und den Beat kannten hunderttausende FDJler genauso wie die frischgebackenen *DT64-Moderatoren* bestens aus den mehr oder weniger verrauschten Sendungen von Radio Luxemburg oder AFN (American Forces Network). Plötzlich hatten viele Hörer ein Argument für den Beat und gegen manchen Lehrer oder Funktionär. Schließlich lief das ganz ja bei ‚uns', auf *DT64*."

Margarethe Ortner erinnert sich aber auch an einige Momente, in denen „die FDJ versucht hat, sich auch ab und zu mal einzumischen. Mal ist es gelungen, manchmal ist es nicht so gelungen. Aber ich glaube schon: Wenn unser Sonderprogramm so trocken und stur gewesen wäre, wie es der übrige DDR-Rundfunk in dieser Zeit war, und wenn wir nur den Befehlen von Partei und FDJ gefolgt wären, dann hätte *DT64* nicht solche Erfolge bei den Hörern erreichen können."

Vom Sonderstudio zur Sendereihe

Der Erfolg des Sonderstudios *DT64* überraschte alle Beteiligten. Postsäcke voller Hörerbriefe mit der Bitte, doch weiterzumachen, erreichten die Redaktion. So bedankte sich ein Lehrer aus dem Bezirk Potsdam beim Rundfunkkomitee, dass es „während des grandiosen Pfingsttreffens für die Jugend einen eigenen Sender" geschaffen hatte. Damit hätten weniger Jugendliche „zum Sender Luxemburg oder anderen interessanten Sendern gegriffen. Auch an den Kofferradios bestimmter Gruppen von Jugendlichen tönte unser Sender." Das Schreiben endete mit dem Vorschlag, „den Festivalsender nun, nach dem Deutschlandtreffen, als eigenständigen Jugendsender weiterzuführen". Der Versuchsbetrieb könne doch mit der Urlaubssaison beginnen, da ab Juli die Schulferien anfangen würden.

Dieser Erfolg blieb den politischen Entscheidungsträgern nicht verborgen. Auf der Politbüro-Sitzung vom 26. Mai 1964 sprach sich der FDJ-Vorsitzende Horst Schumann gleichfalls für die Fortführung des Jugendprogramms aus. Seine Überlegungen begründete er damit, dass die Weiterführung von *DT64* eine gute Methode wäre, um die Einwirkung bürgerlich-ideologischer Auffassungen weiter zurückzudrängen und „unsererseits nach Westdeutschland wirkungsvoll auf die Jugend auszustrahlen." Schließlich verwies auch er darauf, dass das *Sonderstudio DT64* für die zeitlich begrenzte Dauer seiner Ausstrahlung durchaus erfolgreich mit westlichen Sendern konkurrieren konnte.

Schumann blieb mit seinem Vorschlag nicht allein. Auch Kurt Turba, Walter Ulbrichts leitender ZK-Funktionär für Jugendfragen, befürwortete die Fortführung von *DT64*. Ein wenig später gefasster Beschluss des SED-Politbüros setzte schließlich die Einrichtung eines eigenständigen Jugendsenders auf die Tagesordnung. Dafür standen zu diesem Zeitpunkt drei Varianten zur Auswahl:

1) Die Einrichtung eines Senders mit eigener Intendanz,

ausgestattet mit dem entsprechenden Vertretungsrecht im Staatlichen Rundfunkkomitee der DDR.

2) Eine mit dem Deutschen Soldatensender 935 oder dem Deutschen Freiheitssender 904 vergleichbare Konstruktion, bei der die inhaltliche Aufsicht beim Zentralrat der FDJ gelegen hätte. Das Staatliche Rundfunkkomitee wäre in diesem Fall nur für die technische Ausstattung und das Personal verantwortlich gewesen.
3) Die Erweiterung der bestehenden Sendeformate der einzelnen Jugendredaktionen in den Programmen von Radio DDR I, *Berliner Rundfunk* und Deutschlandsender.

Doch die Beschlussvorlage des Politbüros stieß beim Staatlichen Rundfunkkomitee auf Vorbehalte. Die Einrichtung eines eigenständigen Jugendsenders passte nicht in die Pläne der verantwortlichen Intendanten. Sie fürchteten um die Beschneidung ihrer Kompetenzen. Entsprechend ablehnend äußerte sich bereits einen Tag später Herta Classen, die Intendantin des *Berliner Rundfunks*: „Wir haben aber nicht die Möglichkeit, eine zusätzliche Mittelwelle zu annektieren, um damit Jugendsendungen zu bestreiten. Wir werden wahrscheinlich unsere Jugendprobleme in der Weise gestalten, dass wir beispielsweise auf dem *Berliner Rundfunk* unsere Jugendsendungen verstärken."

Am 2. Juni 1964 trat das Staatliche Rundfunkkomitee zu einer Sitzung zusammen, bei der die ablehnenden Positionen noch einmal deutlich wurden. So äußerte Inge Schmidt von *Radio DDR I* die Ansicht, dass alles so bleiben solle, wie bisher und stellte fest: „Die Jugend wünscht keine besonderen Jugendsendungen. Sie hat den Wunsch, bestimmte Sachen auf andere Art gesagt zu bekommen." Herta Classen vom *Berliner Rundfunk* pflichtete ihr bei: „*DT64* lebte von der Atmosphäre des Deutschlandtreffens und von der heißen Tanzmusik, und wir können unmöglich ein solches Programm machen. Wir kommen ideologisch und kulturpolitisch in Schwierigkeiten, wenn wir das über eine längere Periode mehr als 2 Stunden auf das Programm ausdehnen." Auch Kurt Ehrich, Intendant des *Deutschlandsenders*, schloss sich dieser Argumentation an: „Dieses Programm ist getragen von Elementen, die wir nicht in unserem offiziellen Programm haben dürfen und werden. Wir würden ideologische Fundamente aushöhlen, die bei uns gewachsen sind. Ideologisch gibt es entscheidenden Einwand gegen die Fortführung des *DT64*. Und machen wir das nicht, ist das Ganze, was *DT64* so populär gemacht hat, nicht vorhanden." Herta Classen war es schließlich, die als Kompromisslösung vorschlug, „dass der *Berliner Rundfunk* fünfmal die Woche Jugendstudio macht." Damit bliebe – so ihre Begründung – das *Jugendstudio* Teil des *Berliner Rundfunks* und würde letztendlich auch in ihrem Zuständigkeitsbereich als Intendantin bleiben. Zugleich könnten die viel zu hohen Personalkosten sowie die „technisch kaum zu realisierenden Hürden" eines eigenständigen Jugendsenders abgewendet werden.

Dieser Vorschlag wurde dem Politbüro vorgelegt und drei Wochen später umgesetzt. Am 29. Juni 1964 ging das erweiterte Jugendstudio des *Berliner Rundfunks* – nun umbenannt in *Jugendstudio DT64* – an den Start. Gesendet wurde ab jetzt fünfmal in der Woche, jeweils montags bis freitags zwischen 16.00 und 18.00 Uhr. Dieses Sendefenster sollte am 1. September 1964 noch einmal bis 18.30 Uhr erweitert werden.

Siegmar Krause, der nun als Redaktionsleiter für das *Jugendstudio DT64* berufen wurde, erinnert sich an die ersten Wochen und Monate des neuen Programmformats: „Zu allem, was die Jugend interessierte, haben wir Sendungen gemacht. Das war damals ein Novum im DDR-Rundfunk. Sie dürfen nicht vergessen: es war Mitte der 60er-Jahre. Da war eine neue, andere, junge Generation herangewachsen. Das war nicht mehr die Nachkriegsjugend. Da war ein neues Lebensgefühl entstanden – mit neuen Anschauungen, Wertvorstellungen, selbstverständlich auch beeinflusst durch den Westen. Und irgendwie musste man diesem Umstand Rechnung tragen. Die typischen Themen unserer Sendungen reichten demzufolge von der großen Politik bis hin zur Intimsphäre. Ich hatte allerdings damals zu unserem zweiten Sendestart erneut die Furcht: Werden wir das mit unseren Kräften, also personell, technisch, finanziell und was auch die Musik betrifft, auf Dauer umsetzen können?"

Bundesarchiv, Bild 183-C0417-0005-001, Brüggmann

„Sonderstudio Deutschlandtreffen“ von hier aus übertrug das Jugendstudio Berlin und andere Redaktionen des Rundfunks die Berichte der Reporter, Rundtischgespräche mit Gästen und Reportagen zum Funkhaus in der Nalepastraße, Berlin 17. April 1964.

Auch Margarethe Ortner war wieder als *DT64-Moderatorin* dabei: „Kultur, Sport – dafür hatten wir uns am Anfang aus den anderen Redaktionen die Fachleute ans Mikrofon gebeten. In jedem Fall Leute, die auch so reden konnten, dass sie bei der Jugend ankamen. Ich kann mich erinnern: Es gab die verschiedensten Themen – zum Beispiel eine kleine Reportage-Reihe, die nannte sich *Jugend singt*. Da wurden Singeklubs vorgestellt. Da waren wirklich gute Leute dabei. Gute Musik wurde da gemacht. Für junge Leute spielte natürlich das Thema Liebe eine große Rolle. Später hatte man sich auch an die Sexualität herangewagt, aber das war am Anfang noch nicht ganz so der Fall. Natürlich gingen solche konträren Diskussionen über den Lebensalltag der Jugend in Ost und West, wie wir sie zum Pfingsttreffen gebracht haben, nicht mehr original über den Sender. Live-Diskussionen wurden nur noch per Mitschnitt und mit gewissen Korrekturen gesendet. Aber was sich auch mit dem Neustart von *DT64* nicht verändern sollte, war die Möglichkeit, sich kritisch über Alltagsprobleme zu äußern. Ich kann mich erinnern, dass zum Beispiel viel getan wurde, um junge Leute im Arbeitsprozess zu fördern. Die jungen Leute sollten ja erfinden und sich mit neuen Ideen in die Produktion einbringen. Und da hatte sich *DT64* eigentlich immer, wenn es da Hemmnisse gab, eingeschaltet. Da gab es eigentlich auch keine Probleme in der Berichterstattung, muss ich sagen. Nur die große Politik, da wurde es dann schon ein bisschen schwieriger. Die durfte natürlich nicht in Frage gestellt werden."

Die Fortsetzung von *DT64* kam nicht nur bei den Hörern im Osten an. Im November 1964 schrieb das Stuttgarter Wochenblatt *Christ und Welt* über das neue Jugendprogramm aus der DDR: „Schlager aus Ost und West werden nur selten von Nachrichten und Informationen unterbrochen, bei denen man erst beim zweiten Hinhören entdeckt, dass sie eine handfeste Sympathiewerbung für das Zonenregime enthalten. Denn auch die Sprache des politischen Parts von *DT64* ist jugendfrisch und hat etwas von der liebenswerten Berliner Schnoddrigkeit." Die westdeutschen Klischees von Agitation, Langeweile und Propaganda schienen demzufolge nicht auf das *Jugendstudio DT64* zuzutreffen. Darüber äußerst verwundert, beendete der Stuttgarter Kolumnist seinen Artikel mit der Überlegung, ob „Pankow" (gemeint war die SED-Führung) mit *DT64* sogar eine propagandistische Wunderwaffe in den Händen halten würde?

Doch wie muss man sich den Sound dieser „Wunderwaffe" vorstellen? Wie klang *DT64* im ersten Sendejahr? Auch dazu gibt er nur wenige erhaltene Archivaufnahmen. Wieder einmal ist es der West-Berliner Sender *RIAS*, dem wir eine genaue Programmanalyse des Jahres 1965 verdanken. Drei Redakteure der *RIAS*-Jugendredaktion unterzogen das Programm aus dem Osten ihrer Beobachtung und stellten fest, dass sich *DT64* deutlich von den langweiligen Präsentationen anderer DDR-Programme unterschied. Die Zwischenmoderationen seien deutlich zurückgenommen, die Höreransprache mit „Hallo, Freunde" oder „Tschüs bis morgen" darauf ausgerichtet, bestehende Distanzen zu verringern und eine verbindliche Nähe zu den Hörenden zu erzeugen. Dabei würde *DT64* auf ein kameradschaftliches oder anbiederndes „Du" und nicht auf das respektvoll distanzierte „Sie" setzen.

Von den 70 Minuten „Wort", die in einer *DT64-Sendung* enthalten sind, entfielen der Studie zufolge 27 Minuten auf Politik (38,6 Prozent), 19 Minuten auf Kultur (27,1 Prozent) sowie 9 Minuten pro Sendung auf Quiz und Ratespiele (12,8 Prozent). Die „Hörerbeteiligung" machte mit sieben Minuten ein Zehntel aus. Die Sparte „Aktuelles" umfasste sechs Minuten und die „Zwischentexte" fielen mit zwei Minuten sehr spärlich aus. Am häufigsten würde *DT64* Interviews einsetzen (18 Prozent). Danach kämen Reportagen. Diskussionen, wie sie bereits im Festivalprogramm zum Deutschlandtreffen zu hören waren, würden lediglich sechs Prozent ausmachen. Die Wortbeiträge waren durchschnittlich zwei Minuten und 40 Sekunden lang. Um neue DEFA-Kinofilme zu bewerben, spielte *DT64* Filmszenen, wie zum Beispiel aus dem DEFA-Film „Ohne Pass in fremde Betten", ein.

Sehr häufig waren service-orientierte Informationen zu finden, wie Kurz-Reportagen über Weihnachtseinkäufe, über den Einsatz der Winterdienstkommission oder über einen Aufruf, Heizkessel für einen Jugendklub zu spenden. Solche Berichte zeichneten sich nach Meinung der *RIAS*-Beobachter durch Anschaulichkeit, Handlung und Hörerteilhabe aus. Um Hörerteilhabe ging es auch, wenn Reporter Gerhard Auerbach in der Reihe „Die Funkfahrschule" mit dem Automobilclub der DDR eine „Scheinwerferprüfung" als Sicherheitstest mit Hörerkontakt durchführte.

Die Autoren der *RIAS*-Jugendredaktion kamen zu dem abschließenden Ergebnis, dass *DT64* zu diesem Zeitpunkt eine schnelle und flüssige Sendung mit vielen, kurz aneinander gefügten Einzelthemen und einer Prise aktueller politischer Kommentierung war. Die Hörer wurden mit Beteiligungsspielen, Geldpreisen und verlosten Theaterkarten aktiv mit einbezogen. Allerdings wurde das Jugendprogramm von dem politischen Nachrichtenmagazin *Pulsschlag der Zeit* und dem *Soldatenmagazin* unterbrochen.

DEFA-Stiftung

Filmplakat „Ohne Paß in fremden Betten“ von Vladimír Brebera, 1964.

Laut *RIAS*-Einschätzung waren mindestens 32 Mitarbeiter an der Produktion von *DT64* als Reporter, Moderatoren, Hörerbriefredakteure und redaktionelle Mitarbeiter beteiligt – ein vergleichsweise großer Personalaufwand.

Ob *DT64* als Aufzeichnung vom Band gefahren oder live moderiert wurde, konnte die *RIAS*-Jugendfunkredaktion nicht „einwandfrei klären“. Ein gerissenes Band bestätigte aber die Vermutung, dass *DT64* große Teile seines Programms vorproduziert hatte. Das war allerdings – zumindest in dieser Zeit – auch beim *RIAS*-Jugendfunk das übliche und gängige Verfahren.

Was ist eine „gepflegte Beat-Musik“?

Im Dezember 1965 endete die Liberalisierungsphase in der DDR. Kurz zuvor gab es einen Machtwechsel in der Sowjetunion. Neuer Kremlchef war seit zwei Monaten Leonid Iljitsch Breschnew – ein politischer Hardliner.

Das vom 16. bis 18. Dezember 1965 geplante 11. Plenum der SED sollte sich ursprünglich mit Wirtschaftsthemen befassen. Doch dann entwickelte sich die Zusammenkunft zu einer „Kahlschlag-Diskussion“. Als Wortführer entpuppte sich Erich Honecker, der den Künstlern der DDR Nihilismus, Skeptizismus und Pornographie vorwarf. Das Ganze hatte allerdings schon eine längere Vorgeschichte, die auf einem Konflikt zwischen den ZK-Abteilungen Kultur und Agitation beruhte. Welche Musik offiziell in der DDR gehört werden durfte, darüber bestimmten das Kulturministerium und die ZK-Abteilung Kultur. Die Abteilung Agitation unter Albert Norden war wiederum für den DDR-Rundfunk zuständig. Norden befürwortete einen eher gemäßigteren Kurs für die DDR-Rundfunkprogramme und deren Jugendredaktionen. Dagegen beklagte die ZK-Abteilung Kultur, dass es keine „exakt ausgearbeitete Konzeption für die Entwicklung des geistig-kulturellen Lebens unter der Jugend“ gäbe. Besonders das *Jugendstudio DT64* würde den kulturpolitischen Prinzipien der SED nicht vollständig entsprechen, da in den Sendungen mehr Westmusik als gesetzlich erlaubt zu hören sei. Das Senden von Beat-Musik störe die parteiliche Kulturpolitik. Die Agitationsabteilung des Zentralrats der FDJ war hier anderer Meinung: *Jugendstudio DT64* unterstütze mit seinen Sendungen die „sozialistische Erziehung und Formung“ junger Menschen. Dazu nähmen sie den Standpunkt der Jugendlichen ein und berichteten aus ihrem Blickwinkel heraus. Sie respektieren nicht nur ihr kritisches Denken, sondern auch die Liebe zum Modernen und zur „flotten Musik“. Weil *Jugendstudio DT64* auf diese Weise die Jugend in der DDR ansprechen würde, käme es auch gut bei der Zielgruppe „nach Arbeit und Schule, im Strandbad oder an der berühmten „Ecke“ an. Dennoch kam von dort auch Kritik. Unter der Überschrift „Die Rolle der FDJ“ stellten die Funktionäre der Jugendorganisation in ihrem Sekretariatsprotokoll vom 31. August 1965 fest: „*DT64* ist kein Organ des Zentralrates der FDJ. Die innerverbandliche Problematik ist kaum Gegenstand der Sendungen des *Jugendstudios*. Wohl aber hat *DT64* die Aufgabe, in seinen Beiträgen zu zeigen, wie der Jugendverband als organisatorische Vorhut der Jugendlichen wirkt und arbeitet, um die Jugendlichen zu begeistern und mitzureißen. Diese Problematik kommt unseres Erachtens nach in den Sendungen des Jugendradios zu kurz. Mit dem Leben des Verbandes befassen sich im Untersuchungszeitraum (12.7.-23.7.1965) nur zwei Beiträge. Der Jugendverband spielt in den Beiträgen noch nicht die Rolle, die ihm als Vorhut der Jugend zukommt. Die Redakteure des *Jugendstudios* sollten beachten, dass man die Jugend am ehesten erreicht, wenn sie ihre organisierte Kraft, die FDJ, stützt. In vielen innen- und auch außenpolitischen Beiträgen ergibt sich die Möglichkeit, die Rolle der FDJ zu zeigen; kein Beitrag aus der Wirtschaft, aus Schule oder Gemeinde sollte auf die Darstellung des Wirkens der FDJ verzichten.“ Da der Zentralrat der FDJ gegenüber der *DT64-Redaktion* nicht weisungsberechtigt war, versuchte er mit einem Anschreiben an das ZK der SED Einfluss zu nehmen: „Die Abteilung Agit. Prop. wird beauftragt, die erarbeitete Einschätzung mit einem entsprechenden Anschreiben an Prof. Albert Norden und Genossen Erich Honnecker (sic) zur Kenntnisnahme zu übersenden.“

Auch im ZK selbst gingen die Diskussionen weiter. Am 22. Oktober 1965 forderte Heinz Kimmel, in der ZK-Kulturabteilung zuständig für die kulturelle Massenarbeit, dass das *Jugendstudio DT64* künftig nicht nur über „kritische Erscheinungen in unserer Gesellschaft“ berichten solle, sondern „das aktive Mitgestalten des gesellschaftlichen Lebens in DDR hervorheben“ müsse. Die politische Ausrichtung der Wort-Beiträge hielt Kimmel für durchaus annehmbar. Allerdings würde deren Wirkung seiner Meinung nach durch die „pausenlose, eintönige, betäubende, die geistige Beweglichkeit hemmende Musik“ aufgehoben.

Das Staatliche Rundfunkkomitee beobachtete diese Diskussionen mit Sorge. Um einem drohenden Verbot von *DT64* zuvorzukommen, wurde die Rundfunkexpertin der ZK-Abteilung Agitation, Inge Schmidt, am 26. Oktober 1965 in die Nalepastraße eingeladen, damit sie sich einen „inhaltlichen und persönlichen Eindruck von der *DT64-Redaktion* machen könne“. Dabei diskutierte man ausführlich „über die mit dem Programm von *DT64* verbundenen Probleme“ und kam zu dem Schluss, dass der Wortanteil des Magazins „überarbeitet und interessanter gestaltet werden müsse“. Die Forderung war, mehr und zugleich auch längere Wortbeiträge ins Programm zu nehmen. Die Reportagen, Kommentare, Porträts, Schallplatten- und Buchvorstellungen müssten klarer und ideologisch schärfer hervortreten, während der Musikanteil verkleinert werden sollte.

Am 29. Oktober 1965 reagierte das Zentralkomitee auf den im August erfolgten FDJ-Vorstoß mit folgender Stellungnahme: „Die vorliegenden Einschätzungen der Sendungen von *DT64* beweisen eindeutig, dass das Kollektiv von *DT64* unmittelbar nach der Auswertung der Sekretariatssitzung im Rundfunk Unsicherheit ergriffen hatte. Die Folge davon war ein Abfall des Niveaus der Sendungen. Seit dem 26.10. – vorher hatten einige klärende Aussprachen mit Genossen von *DT64* stattgefunden – erhöhte sich wieder schrittweise die Wirksamkeit der Sendereihe. In den Sendungen von *DT64* bis zum 25.10. gab es zwar keine Verstöße gegen die Linie, aber in den Wortbeiträgen fehlte die Spritzigkeit. Natürlich gab es während dieser Zeit auch einzelne gute Beiträge. Erwähnenswert ist unter anderem der Bericht von einer Bürgerversammlung aus einem Traktorbetrieb der BVG, in der sich Arbeiter mit den Auffassungen des Vaters eines ‚Leitgammlers‘ auseinandersetzten.“

Inzwischen verschärften sich die von einzelnen Mitgliedern der ZK-Kulturabteilung vorgetragenen Attacken. Deren Leiter Siegfried Wagner erklärte mit Blick auf die bei *DT64* gespielte Beatmusik, dass das „lässige, bis wild ungezügelte Benehmen“ vieler Laienmusiker sich bislang dazu steigere, eine „tierische oder ans idiotische grenzende Pose“ zur

Schau zu stellen. Das würde an „geistigen Terror“ grenzen, der auf diese Weise als amerikanische Lebensweise in der DDR Verbreitung fände. Wagner warf der Agitationsabteilung des ZK vor, ihrer Verantwortung dafür nicht nachzukommen. Klar war: im Vorfeld des bald stattfindenden 11. Plenums des ZK der SED zogen sich die politischen Gewitterwolken immer weiter zusammen.

Die Tagesordnung des 11. Plenums wurde auch dieses Mal wieder maßgeblich vom Ersten Sekretär des ZK bestimmt. Zur üblichen Verfahrensweise gehörte es, dass die einzelnen ZK-Abteilungen ihre Berichte einreichten, die der ZK-Sekretär dann auf dem Plenum vortrug. Diese Funktion bekleidete zu diesem Zeitpunkt Erich Honecker. Als ausgewiesener Gegner einer liberalen Jugendpolitik stand er hinter der Kulturabteilung, die ihre Position in seine Rede formulierte: „Über eine lange Zeit hat *DT64* in seinem Musikprogramm einseitig die Beat-Musik propagiert. In den Sendungen des Jugendsenders wurden in nicht vertretbarer Weise die Fragen der allseitigen Bildung und des Wissens der jungen Menschen der verschiedensten Bereiche der Kunst und Literatur der Vergangenheit und Gegenwart außer Acht gelassen.“ Der Gegner nutze diese Art von Musik, „um durch die Übersteigerung der Beat-Rhythmen Jugendliche zu Exzessen aufzuputschen. Niemand in unserem Staate hat etwas gegen eine gepflegte Beat-Musik.“ Sie könne „jedoch nicht als alleinige und hauptsächlichste Form der Tanzmusik betrachtet werden.“

Honeckers Auftritt war ein Frontalangriff auf *DT64*. „Für viele Hörer und für uns in der Redaktion kam Honeckers Angriff wie ein Hammer.“ erinnerte sich Moderator Karl Heinz „Kalle“ Neumann 1993. „Zwar hatten wir genau verfolgt, wie sich die Stimmen gegen die liberale Jugendpolitik... gemehrt hatten. Aber dass die Partei die gerade begonnene Liberalisierung in der Jugendpolitik abwürgen würde, hat niemand geglaubt. Dass hinter den Kulissen Pläne ausgearbeitet wurden, ‚Beat-Gammler‘ in Arbeitslager zu stecken, das hat bei *DT64* keiner geahnt. Und so dachten viele im Dezember ‘65 an ein gigantisches Missverständnis. Mit dem Dezember

Plenum 1965 wurde ein zarter Ansatz zur Schaffung eines menschlichen Sozialismus zerstört: Filme wurden verboten, Bücher nicht gedruckt. Wolf Biermann und Robert Havemann waren zu Staatsfeinden erklärt worden, im DDR Fernsehen wurde das beliebte Magazin Prisma entschärft. Warum überlebt ausgerechnet *DT64*? Dass *DT64* nicht einfach verschwand, wie damals viele kritische Filme und Bücher, lag sicher auch an der großen Popularität des Programms." (*DT64* Das Buch zum Jugendradio, Tom-Verlag 1993)

Doch um ein Verbot des *Jugendstudios* zu verhindern, musste die Sendereihe ihr Gesamtbild verändern. Im Zentrum des Sendegeschehens sollte jetzt die Klassenerziehung junger Menschen stehen. Jeden Vormittag wurde Redaktionsleiter Siegmar Krause zur sogenannten Argumentationssitzung bei Gerhard Eisler zitiert, um mit ihm als dem Vorsitzenden des Staatlichen Rundfunkkomitees das Programm zu abzusprechen. Für Siegmar Krause bedeutete dies – zumindest aus seiner damaligen Sicht – eine fast unzumutbare Einschränkung seiner journalistischen Arbeit: „Erst haben wir gedacht: Aha, der Alte will uns ein bisschen an die Kandare nehmen nach diesem Knatsch mit dem 11. Plenum. Später habe ich erst begriffen, dass er eigentlich seine Fittiche über uns gehalten hat. Sie wissen ja, wenn Sie Erfolg haben, haben Sie auch Neider. Und Professor Eisler hat manches abgewendet, weil er – sehr offensiv in seiner Art – Autorität hatte. Wenn ich dort das Programm vorgetragen habe und er hat das „abgenickt", dann war Ruhe, wissen Sie."

Für das Musikprogramm bedeutete dies zunächst, weniger Westmusik zu spielen. Doch was konnte man stattdessen bringen? Und was genau sollte unter einer gepflegten Beatmusik zu verstehen sein? Karl-Heinz Neumann erinnerte an die hitzigen Diskussionen, die man darüber in der *DT64-Redaktion* führte: „Zwar verlangte zum Beispiel der FDJ-Zentralrat von uns immer wieder, dass wir uns nach dem Beat auch dem Chorsingen widmen. Trotzdem hat dieses Verbot die Jugend in der DDR nicht davon überzeugen können, nun wieder nur Folklore zu hören oder Schlager." (*DT64* Das Buch zum Jugendradio, Tom-Verlag 1993)

Bundesarchiv, Bild 183-E1229-0205-001, Joachim Spremberg

ADN, die Nachrichtenagentur der DDR, schrieb zu diesem Bild: „Lieder zum Tanzen und zum Nachdenken spielen die jungen Berliner Studenten, die unter dem Namen ‚Team 4' den Mädchen und Jungen in allen Teilen unserer Republik bekanntgeworden sind, auch bei öffentlichen Tanzveranstaltungen wie hier im Berliner Kreiskulturhaus Weißensee. Der Leiter dieser Gruppe, der 19jährige Musikstudent Thomas Natschinski (r.), schreibt die interessanten und recht anspruchsvollen Kompositionen, die sowohl Elemente des Beat als auch des Liedes und des Chansons enthalten.", Dezember 1966.

Auch im Bereich „Wort" gab es viele Unklarheiten: Was durfte in den Reportagen und Interviews überhaupt noch thematisiert werden, wenn Mängel und Schwierigkeiten nicht mehr aufgezeigt werden sollten? Am 2. April 1966 legte die *DT64-Redaktion* in ihrem Bericht an das Rundfunkkomitee dar, wie sie die neuen Vorgaben „der ideologischen Erziehung, der Mobilisierung für den Jugendverband, die wissenschaftlich-technische Revolution, die sozialistische Heimat und deren Schutz durch den Ehrendienst in der NVA" umsetzen wollte. So wurde zum Beispiel geplant, eine 15teilige Sendereihe über die „Geschichte des deutschen Imperialismus und seiner Kriege" ins Programm zu nehmen, um – der Forderung Walter Ulbrichts entsprechend – „eine Verbesserung bei der Herausbildung des sozialistischen Bewusstseins bei der Jugend zu erreichen".

Eine weitere Sendereihe, die in Zusammenarbeit mit dem Institut für Marxismus-Leninismus geplant war, sollte sich der Geschichte der deutschen Arbeiterbewegung widmen. Um die Verbindung von FDJ und der *DT64-Jugendredaktion* zu verbessern, plante man unter dem Titel „DT-Debatte“ eine Sendereihe für Streitgespräche und Diskussionen. Dass es sich dabei nur um ideologisch konform inszenierte Wortmeldungen ausgewählter Hörer handeln würde, und nicht um echte Livediskussionen wie in den Tagen des Deutschlandtreffens, versteht sich von selbst.

Ein besonders unbeliebtes Schulfach war in der DDR die Staatsbürgerkunde. Um hier eine bessere Akzeptanz bei den Schülern zu erreichen, sollte *DT64* „mit Beispielen für einen fesselnden Unterricht“ einbezogen werden. So hätte laut diesem Papier die Jugendredaktion „zur Popularisierung des Fachs“ beitragen können.

Redaktionsleiter Siegmar Krause beklagte in der Vorlage zugleich, dass es *DT64* nach wie vor an ausgewiesenen Experten und Spezialisten für Politikbereiche fehlen würde und ergänzte: „*DT64* hat sich nach dem Hinweis des Plenums gerichtet. Wir senden melodiöse und musikalisch sauber gemachte Beat-Aufnahmen nach wie vor in unserem Programm, werden dafür allerdings verschiedentlich – besonders aber von ‚Amiga‘ – heftig attackiert.“

Was aber war dafür der Hintergrund? Das zum VEB Deutsche Schallplatten gehörende Label *Amiga* hielt bis zum Ende der DDR das alleinige Monopol für den Vertrieb und die Lizensierung von Tonträgern mit sogenannter Unterhaltungsmusik. Deshalb beklagte sich der VEB Deutsche Schallplatten bereits Mitte des Jahres 1966 in einem Schreiben an Siegfried Wagner von der ZK-Kulturabteilung, dass sich *DT64* nicht an die Vorgaben halten und zum Beispiel wieder die Beatles spielen würde. Ein Viertel der im Jugendstudio gespielten Musiktitel wäre unerlaubterweise zur Aufführung gelangt, da die Stücke „nicht legal über unsere Verlage in die DDR eingeführt wurden.“

Wagner wiederum wandte sich postwendend an Honecker: „...dass das Musikprogramm von *DT64* erneut wesentlich gegen die Prinzipien der Kulturpolitik unserer Partei“

verstoße und „in nicht unerheblichem Maße westliche Schlagertitel“ senden würde. Die Folge sei, dass *DT64* auch weiterhin die gesetzlichen Bestimmungen im Musikprogramm nicht einhalte und wieder „liberalisierend“ bei der Jugend wirke. Damit würden „falsche, an dekadenten westlichen Vorbildern orientierte Bedürfnisse“ geweckt. Arbeiterlieder und Agitprop-Songs von Brecht, Weill und Ernst Busch sowie das Jugendlied, also das „reichhaltige Erbe unserer sozialistischen Musikkultur“, bliebe damit ungenutzt.

Die erneute Attacke der Kulturabteilung hatte ganz eindeutig das Ziel, der Agitationsabteilung des ZK unter Albert Norden den Einfluss auf die Musikpolitik des Rundfunks zu entziehen, indem man ihr Nachlässigkeit unterstellte. Eine letztlich erfolglose Taktik: *DT64* wurde weiterhin in der bisherigen Form geduldet. Vermutlich war man dennoch zu der Einsicht gekommen, dass man mit einer völligen Anpassung von *DT64* an die im DDR-Rundfunk üblichen Programmformen sich die grundsätzliche Möglichkeit nehmen würde, den Westsendern etwas Eigenes entgegenzusetzen. Damit blieb auch Honeckers Angriff auf dem 11. Plenum der letzte Versuch, die Weiterführung des *Jugendstudios* grundsätzlich in Frage zu stellen. Allerdings wurde damit auch die Idee, einen eigenständigen Jugendsender aufzubauen, vorerst zu den Akten gelegt.

Dreimal die Fünf – vier, drei eins in Berlin

Am 29. Juni 1966 feierte *Jugendstudio DT64* seinen zweijährigen Geburtstag mit einer Livesendung aus dem Zentrum der Landjugend in Leipzig. Unter dem Titel „Marktplatz unserer Sensationen“ wurde dreieinhalb Stunden lang der „Abschluss der Lehrlingsspartakiade und der Republiksieger in den wichtigsten Berufen“ übertragen. Einen Tag später meldete sich *DT64* mit Live-Schaltungen aus den Radio-DDR-Regionalstudios von den Höhepunkten der Woche der Jugend aus Weimar, Dresden und Schwerin.

Während man auf diese Weise versuchte, die Berichterstattung über Berlin hinaus zu erweitern, traten erneut die Medienwächter auf den Plan – dieses Mal ausgesandt vom Zentralrat der FDJ. In einer Analyse vom 12. Oktober 1966 hatte man festgestellt: „In den Sendungen des *Jugendstudios* spielt die FDJ heute eine größere Rolle als vor einem Jahr. Es wird jedoch nicht verstanden, die Beiträge verschiedenster Thematik so zu gestalten, dass sie die Politik der FDJ, ihren Einfluss, ihre Initiativen und ihre Probleme richtig widerspiegeln. Der Name FDJ wird oft genannt, ihre Rolle als aktiver Faktor, der Leben und Wirken der Jugendlichen aller Bereiche entscheidend mitbestimmt, wird jedoch nicht deutlich. Es ist erforderlich, die Rolle der Arbeiterjugend als bewusstester Teil der Jugend und Kern des Verbandes besser herauszuarbeiten und ihren Einfluss auf die Schichten der Jugend zu zeigen...

Der Massensport ist ... wieder ins Hintertreffen geraten. Es fehlen begeisternde Reportagen, Untersuchungen und Anregungen. Es sollte geprüft werden, inwieweit *DT64* einen Massensportwettbewerb organisieren kann...

Die Ferienberichterstattung konzentrierte sich im Untersuchungszeitraum einseitig auf die Arbeitsleistungen der Schüler. Vor allem wurde jedoch versäumt, die Vorbereitung auf das neue Schuljahr, insbesondere den Pionier- und Verbandsauftrag „Auf den Spuren des Roten Oktober – hohe Leistungen zu Ehren der Republik“, organisieren zu helfen...

Die Nachrichtensendungen des *Jugendstudios* vermitteln in den richtigen Proportionen einen prägnanten Überblick über das Weltgeschehen. Die Beiträge zur Wehrerziehung konzentrieren sich auf das Soldatenmagazin. Es gehört zu den besten thematischen Blöcken in den Sendungen des *Jugendstudios*. Die Relationen zwischen den einzelnen Beiträgen verschiedenster Thematik entsprechen den Aufgaben des *Jugendstudios*. Das bisher übliche Musik-Text-Verhältnis hat sich bewährt, ein Abgehen ist nicht gerechtfertigt...

Eine jugendpolitische Arbeit des Studiums mit höchstem Nutzeffekt setzt eine noch engere Zusammenarbeit mit dem Apparat des Zentralrates voraus." Mit diesem letzten Satz machte die FDJ unverhohlen deutlich, worum es ihr grundsätzlich ging: die Möglichkeit einer direkten Einflussnahme auf das *DT64-Programm* unter Umgehung des DDR-Rundfunkkomitees.

Klar war: um ein langfristiges Überleben von *DT64* zu ermöglichen, musste die Redaktion, ob sie es wollte oder nicht, auch mit einer Jugendorganisation kooperieren, die in Wirklichkeit nichts weiter als der verlängerte Arm der alleinherrschenden SED war. Aber wo lagen für die Redaktion die Grenzen zur Unglaubwürdigkeit? Diese Fragen stellte sich offenbar auch Redaktionschef Siegmar Krause. Ende 1966 verließ er das Jugendstudio. Sein Resümee: „Wir haben zwar gesehen, dass da manches schiefläuft, aber dann hat man sich zunächst damit getröstet: naja Entwicklungsschwierigkeiten, Generationsproblem, biologische Lösung, wenn die alten Betonköpfe erst mal weg sind – solche Illusionen gab es schon.

Auf der anderen Seite gab es weiterhin diese nicht enden wollende Kritik an der Musik, an den Inhalten der Wortbeiträge und an der ganzen Art und Weise, wie wir gesendet haben. Dazu kamen noch die internen Auseinandersetzungen mit der Leitung des *Berliner Rundfunks*, die ich hatte. Deshalb habe ich dann die Konsequenzen gezogen und mich von *DT64* verabschiedet. Außerdem wollte ich kein Berufsjugendlicher werden, ich wollte Journalist bleiben."

Im Mai 1967 meldete sich *DT64* erneut mit einem Sonderprogramm – dieses Mal vom Pfingsttreffen der FDJ, das

Bundesarchiv, Bild 183-F0514-0041-001, Peter Koard

Musizierende Jugendliche auf dem Pfingsttreffen der FDJ in Karl-Marx-Stadt (Chemnitz), 14. Mai 1967.

in Karl-Marx-Stadt stattfand. Zeitgleich begann das Jugendstudio die von der Jugendorganisation organisierte Singebewegung zu unterstützen. Für die Redaktion bot sich damit zugleich eine Gelegenheit, durch Beiträge und Reportagen die von der SED geforderte „positive musikalische Geschmacksbildung“ bei jungen Laienmusikern anzuregen. Entsprechend kostengünstige Musikproduktionen, wie sie zum Beispiel mit dem FDJ-Singeklub des VEB Leunawerke organisiert wurden, füllten zudem Sendezeit, ohne die jugendliche Klangfarbe gänzlich einbüßen zu müssen.

Die Auflage des 11. Plenums des ZK der SED, weniger westliche Beatmusik zu spielen, ging zugleich mit dem Verbot vieler einheimischer Bands und Gitarrengruppen einher. Doch „... im Funkhaus wurde aber nach einer kurzen Flaute ... weiter sogenannte Gitarrenmusik eingespielt“, erinnerte sich *DT64-Moderator* Karl-Heinz Neumann. „Da war es vor allem eine Produzentin, Luise Mirsch, die eher unauffällig im Hintergrund agierte. Wenn wieder mal eine Band aufgelöst worden war, wegen angeblicher Steuerhinterziehung, sammelte sie die verbliebenen Musiker ein. Und die Band startete unter neuem Namen. So wurden dann schließlich 1967 schon wieder siebzehn, 1968 neunundvierzig, 1969 siebzig und schließlich 1970 über einhundertsiebzig Titel im Rundfunk produziert. Kultgruppen der DDR in den sechziger Jahren waren zum Beispiel die Theo-Schumann-Combo, dass Klaus-Lenz-Sextett, die Gerhart-Stein-Combo, das Günter-Fischer-Quartett, die Alexanders oder das Joco-Dev-Sextett.“ (*DT64* Das Buch zum Jugendradio, Tom-Verlag 1993)

Eine Programmanalyse der West-Berliner *SFB*-Jugendredaktion dokumentiert, wie sich *DT64* im Sommer 1971 präsentierte: Das Nachmittagsmagazin begann nun bereits um 15.35 Uhr und endete gegen 19.30 Uhr. Nach der Hörerbegrüßung folgte der Hinweis auf die Vorabendsendung – am Beobachtungstag handelte es sich dabei um das Soldatenmagazin. Nach zwei weiteren Musikstücken lief ein telefonischer Bericht vom Prozess gegen die afroamerikanische Bürgerrechtlerin Angela Davis, der 1972 mit Freispruch endete. Dabei gelang es dem Reporter, einen Eindruck von der aufgewühlten Stimmung im Saal und vor dem Gerichtsgebäude ins Studio zu übermitteln. *DT64* spielte dann einen „Angela-Davis-Protestsong“ in englischer Sprache. Dazu wurde ein Voice-Over-Sprecher mit der deutschen Übersetzung eingeblendet. Danach folgte der *DT64-Kundendienst*. Die damit verbundene Rätselfrage begleiteten drei Musiktitel. In einem weiteren fünfminütigen Beitrag wurden vier Lehrlinge für Maschinen- und Anlagenmontagebau interviewt. An ihrem Beispiel sollte dieser neue Beruf vorgestellt werden. Nach Hörergrüßen, einigen weiteren Musiktiteln sowie einem

Bericht über die „Kreisdelegiertenkonferenz im Kabelwerk Oberspree“ wurde *Jugendstudio DT64* um 17.30 Uhr von dem politischen Nachrichtenmagazin *Pulsschlag* unterbrochen.

Das Fazit der *SFB*-Programmanalyse lautete: *Jugendstudio DT64* war 1971 eine Musiksendung, die in jeder halben Sendestunde ein „politisches“ Thema einblendete. Den „Wort“-Anteil erhöhten Veranstaltungshinweise, Buchvorstellungen und Beiträge, die der Berufslenkung dienten. Die „Präsenz eines Disk-Jockeys“ – so der *SFB* – sei in einer *DT64-Sendung* von entscheidender Bedeutung. Peter Salchow zum Beispiel eröffnete am Beobachtungstag die Sendung folgendermaßen: „Und schon wieder ist Jugendstudio auf der Welle, von – ach ja, 3 Minuten sind schon weg – aber bis 19.30 machen wir durch, wirklich!“ Danach blendete er kurz Musik ein. „Ja, und da haben wir heute wieder“, so Salchow weiter, „dieses bekannte Telefon: drrrrei mal die fünf, vier, drrrrei eins in Berrrrlin.“

Die Musik, die „aus der Rückblendung immer wieder in den akustischen Vordergrund“ geholt werde, erzeuge Schwung und lasse das Studio als „hektischen und kreativen Raum erscheinen“. Die hölzerne Beschreibung lässt erahnen, dass *DT64* mit dieser Art der Moderation selbst für die Beobachter im Westen seiner Zeit voraus war.

Und überhaupt – 1971 wurde für die Jugendredaktion ein erfolgreiches Jahr, denn *DT64* konnte endlich seine Sendungen auf das Wochenende ausweiten. Die entsprechende Initiative ging auf Reginald Grimmer zurück, der Gerhard Eisler als Vorsitzenden des Staatlichen Rundfunkkomitees abgelöst hatte. Am 30. Januar 1971, einem Samstagnachmittag, lief deshalb die erste Sendung des *DT64-Musikstudios*. Gespielt wurden Titel der Dresdner Band *Elektra* und der ungarischen Rockband *Omega*.

Im Frühjahr 1971 wurde die Senderubrik *DT64-Klub* eingeführt. Sie sollte „verschiedene Formen sinnvoller Freizeitgestaltung“ in den Mittelpunkt rücken und damit die sozialistische Erziehungsarbeit verbessern helfen.

Die Zentrale Tanzmusikredaktion gestaltete für den *Berliner Rundfunk* eine Stereo-Schlagerparade. *DT64* übernahm diese zunächst ebenfalls in sein Programm, um damit die eigene Hitparade *DT64 Musikstudio „Beat“* zu ergänzen. Möglich wurde *Musikstudio „Beat“*, weil die Rock- und Popmusik in der DDR seit 1971 als offizieller Bestandteil der sozialistischen Musikkultur anerkannt wurde.

Bundesarchiv, Plak 102-063-003, Plakatsammlung der SED

Weltfestspiele der Jugend und Studenten, Ost-Berlin 1973.

In der Vorbereitung der X. Weltfestspiele der Jugend und Studenten, die 1973 in Berlin stattfinden sollten, kündigte das Staatliche Rundfunkkomitee der DDR die Neuproduktion von sechzig Beat-Titeln und etwa einhundert neuen Schlagern an. Begründet wurde dieses Vorhaben mit einer „feststellbaren Stagnation innerhalb der populären jugendgemäß wirksamen DDR-Tanzmusik“, der man mit diesem Vorstoß begegnen wolle. Das Jugendstudio reagierte darauf mit einem ganz neuen Programmformat: mit *DT64-Metronom* bekam die

Bundesarchiv, Bild 183-M0802-414, Klaus Franke

X. Weltfestspiele der Jugend und Studenten, Schlagersänger auf der Bühne, Berlin 1973, Karel Gott (CSSR), Frank Schöbel (DDR) u.a.

Rock- und Popmusik in der DDR eine eigene Wertungssendung. *DT64-Metronom* war eine Einzelsendung innerhalb des Nachmittagsmagazins, die immer wöchentlich am Dienstagabend von 18.00 bis 19.00 Uhr lief. In jeder Ausgabe gab es zwei Neuvorstellungen von DDR-Bands oder Musikern aus der Rundfunk- und Schallplattenproduktion, die auch teilweise auf Hörerpostvorschlägen basierten. Zwei Wochen nach der Neuvorstellung konnten diese Titel als Hoffnungsläufer gesendet werden, falls sie nicht sofort in die Spitzengruppe kamen. Insgesamt kamen 10 Titel zur Wertung. Die Hörer wurden per Postkarte zur Punktevergabe aufgerufen. Das Sendeschema war immer gleich: Nach Vorspann und Begrüßung wurden die „Hoffnungsläufer" und die verschiedenen Titel der „Spitzengruppe" gesendet. Dieser Teil endete mit der Verkündung der ausgelosten Gewinner von Postern, Autogrammkarten und ähnlichem. Danach liefen die Titel 6 bis 1 der Spitzengruppe. Schließlich erfolgten weitere Verlosungen von Schallplatten, die Bekanntgabe von Konzertterminen, Tour-Neuigkeiten verschiedener Bands und weitere Informationen. Mindestens zweimal im Monat wurde eine Band oder ein Musiker interviewt, wobei die Hörer im Vorfeld Fragen einsenden konnten.

In einem Interview, mit dem Kulturwissenschaftler Edward Larkey machte *DT64-Chefredakteur* Walter Barthel allerdings deutlich, dass DDR-Wertungssendungen wie *DT64* Metronom nichts mit den Verkaufs-Hitparaden des Westens zu tun hatten: „...bei uns hat das mit Geld nichts zu tun. Zum Teil werten unsere Hörer ja (auch) Rundfunkproduktionen, die gibt es gar nicht zu kaufen. Es ist ein Spielchen... Alle, denken immer, das sind Millionen (Hörer), die sich da zu Wort melden. Das sind nicht Millionen. Aber Spaß macht das." (Edward Larkey, Rotes Rockradio, LIT-Verlag 2007)

Wir haben versucht, die Welt für junge Leute zu entdecken

Spätestens seit Beginn der 70er-Jahre hatte sich *Jugendstudio DT64* zu einer festen Größe entwickelt. „Wir waren eine verschworene Gemeinschaft. Unser Familienname war *DT64*, ansonsten hatten wir nur Vornamen. Wir waren *DT64*", erzählte Marianne Oppel 2017 in einem Interview für die Zeitschrift Superillu. „Keiner dachte an Karriere oder Sicherheit. Wir haben ausgelotet, wie weit wir gehen können, wann uns etwas auf die Füße fällt." Dieses familiäre Klima hatte allerdings auch Grenzen. Ging ein Mitarbeiter bei seinen Reportagen oder Moderationen zu weit, drohten Sanktionen, wie zu Beispiel zeitweilige Strafversetzungen ins Archiv. „Es gab Schlimmeres", erinnerte sich Moderator Jürgen Babenschneider, ebenfalls in einem Gespräch mit der Superillu, und erzählte ein Beispiel: „Ein Sprecher, den man immer holte, um Mitteilungen des Politbüros der SED zu verlesen, kam damals ins Studio und rief in den Raum: ‚Warum holt ihr mich immer für diese Scheiße!' Das ging über den Sender. Das Mikrofon war offen. Die diensthabende Aufnahmeleiterin wurde entlassen und hat später an der Tankstelle gearbeitet."

Im Laufe der Jahre wurde das Programm-Spektrum breiter. Neue Reporter und Moderatoren stießen dazu. Einer derjenigen, die seit 1981 das Profil von *DT64* maßgeblich mitgestalteten, war der Journalist und Moderator Joachim Dresdner. Im nachfolgenden Interview beschreibt er, wie er zum Rundfunk der DDR kam und wie er heute seine Zeit bei *DT64* sieht.

Frage: Wie verlief Ihr Weg zum Hörfunk?

Joachim Dresdner: Mein Weg zum Radio verlief über den Umweg vom Tonstudiotechniker im Funkhaus in der Berliner Nalepastraße. Ich bin dann als redaktioneller Mitarbeiter beim *Berliner Rundfunk*, aktuelle Politik, eingestiegen und schließlich 1980 zu *DT64* gekommen. Für zehn bis elf

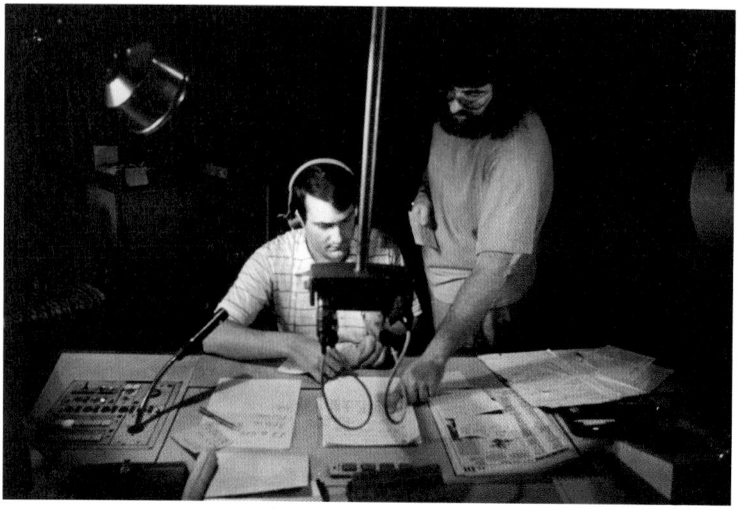

Junge Welt – Bild, Mohr

Joachim Dresdner und Stefan Lasch 1983.

schwungvolle und ertragreiche Jahre, da ich dort viele eigene Ideen umsetzen konnte. Man hatte dort mehr Freiheiten als bei den anderen Sendern des DDR-Rundfunks und konnte dort auch einige Themen anpacken – und auch anders anpacken – die ansonsten im DDR-Rundfunk nicht üblich waren.

DT64 war damals ein Fenster im Programm vom *Berliner Rundfunk* – also von drei Stunden am Nachmittag zwischen 16.00 und 19.00 Uhr. Ein Jugendmagazin mit Jugendthemen. Die reichten von Reportagen, die von jungen Leute in der Produktion berichteten, über das sogenannte frohe Jugendleben, also Klubhaus und Freizeitgeschichten – bis hin natürlich zu Musikthemen.

Wir hatten die Aufgabe, das Ganze nach vorgegebenen Ansagen zu moderieren. Die waren zwar vorher geschrieben, wie das ja heute auch zum Teil noch üblich ist, aber – und das war der Unterschied zu den anderen Kollegen im DDR-Rundfunk – wir mussten diese Ansagen nicht so vorlesen, wie sie auf dem Papier standen. Wir konnten sie frei, so wie wir sie verstanden hatten, moderieren. Und im jugendgemäßen Überschwang führte das manchmal auch, weil man die Beiträge ja kannte und in der Regel vorher gehört hatte, zu einer leichten Distanz in der Moderation, einer gewissen Ironie. Das war nie böse gemeint, sondern das war einfach eine Heiterkeit, die man dann versucht hat. Mein Credo war: Der Hörer muss unterhalten werden, der muss gute Laune bekommen, der kann auch nichts dafür, dass er in der DDR wohnt, genau wie ich nicht und wir versuchen jetzt das Beste draus zu machen.

Frage: Welche Themen wurden noch bei *DT64* behandelt?

Joachim Dresdner: Wir haben versucht, die Welt für junge Leute zu entdecken. Eine Geschichte war zum Beispiel der Besuch in der Archenhold-Sternwarte gewesen. Das war eine Art Themennachmittag. Dabei haben wir versucht, in diese Sendung alles Mögliche mit hinein zu packen: das reichte von der Geschichte der Astronomie, der Geschichte dieser Sternwarte und ihres Erbauers Friedrich Simon Archenhold. Da sich die Archenhold-Sternwarte im Treptower Park befindet, berichteten wir auch über die dort befindlichen anderen Kulturdenkmale, dann ging es um Träume, die man hatte, also Sternenträume, und so weiter. Der Schlagersänger Frank Schöbel war gerade wieder mal aktuell, so dass wir auch ihn dann in die Sendung eingebaut und befragt haben.

Also man versuchte, ein Thema aufzunehmen und sich diesem aus verschiedenen Perspektiven zu nähern. Und das haben wir dann jugendgemäß mit viel fröhlicher Musik, mit viel Rockmusik – auch westlicher Rockmusik – gemixt und den Hörern serviert. Es sollte ja auch etwas hängen bleiben aus Wissenschaft und Kultur. Selbstverständlich ging es auch viel um die Liebe. Das war ein ganz wichtiges Thema.

Was auch neu war: es wurde viel mit den Hörern gearbeitet. Das gab es in den anderen Programmen des DDR-Rundfunks auch nicht. Bei uns gab es immer ein Kundendiensttelefon, das parallel während der Livesendung geschaltet war. Dort saß immer jemand von der Redaktion und nahm erste Resonanzen, Grüße, Fragen oder Kritik an. Auch damit konnte und musste man als Moderator umgehen. Die jungen

Hörer sollten merken: Mensch, der Sender ist ja für mich da, die nehmen mich also ernst und dies nicht nur mit smarten Grüßen von Haus zu Haus, sondern auch bei Problemen, die mich ganz persönlich bewegen.

Also wir haben von leichten bis hin zu schweren Themen über alles berichtet. Und wir wollten auch Anwalt junger Leute sein. Wir haben uns bemüht – und es hat am Ende auch geklappt. Zum Beispiel gelang es uns damals, erstmals das Thema Homosexualität in der DDR aufzugreifen, zu dieser Zeit noch ein Tabu. Oder das Thema Diskriminierung von Ausländern: also wie leben eigentlich Mosambikaner an der Medizinischen Fachschule in Quedlinburg? Wie sah ihr Leben dort wirklich aus – und nicht, wie es in den übrigen DDR-Medien dargestellt wurde.

Einmal haben wir versucht, die sozialistische Vorzeigebrigade Peter Kaiser vom Sockel zu holen. Das war eine Tiefbaubrigade in Berlin Marzahn, die mit permanenter Übererfüllung der Norm und großer Klappe voranmarschierte. In Wirklichkeit musste auch sie mit den Unbilden des Sozialismus kämpfen, wenn zum Beispiel Rohrquerschnitte nicht stimmten, bestimmte Materialien nicht angeliefert wurden, auf der Baustelle Matsch und Pampe regierten, weil schweres Gerät fehlte und man mit der Schaufel arbeiten musste. Da waren wir dabei und haben aus Peter Kaiser, diesem übergroßen Helden der Arbeit, einen ganz normalen Menschen gemacht, der im Morast des Sozialismus auch nicht so recht vorankam. Also diese Realität abzubilden, das haben wir schon versucht.

Frage: Gab es Tabuthemen?

Joachim Dresdner: Also ich will von vornherein sagen: Wir waren auch keine Helden! Wir waren eingepackt in dieses System des Rundfunks der DDR und wir hätten uns auch kein Ausbrechen oder eine völlig andere Herangehensweise als die offiziell vorgegebene erlauben können. Es gab gewisse Toleranzen, in denen wir uns bewegen durften. Aber wir haben immer wieder neue Anläufe genommen, diese zu erweitern.

Ich erinnere mich, dass wir zum Beispiel über das Thema Aids mit Hilfe eines Professors der Charité schon viel früher informieren wollten. Wir waren der Meinung, wenn das Thema jetzt in den westlichen Ländern sehr akut wird, dann müssen wir auch erklären, wie das bei uns ist. Wir hatten ja – wenn auch nur einen kleinen – grenzüberschreitenden Verkehr, mit dem zum Beispiel ausländische Studenten und Lehrlinge ins Land kamen. Und wir konnten uns deshalb nicht vorstellen, dass es keine Aids-Fälle in der DDR gab. Aber in der Öffentlichkeit wurde darüber nicht geredet. Diese Fragen bedeuteten dann manchmal Grenzen, an die wir stießen – und da musste man ganz schön boxen, um diese Themen durchzubekommen.

Dazu gehörte auch eine Sendereihe, die ich 1983 nach einer langen Konzeptionsdiskussion ins Leben gerufen habe: „Antwort sofort“ zu aktuellen politischen Fragen. Das hatte es bis dahin nicht gegeben, weil man immer Angst hatte: Da kommt jetzt jemand auf den Sender, der stellt uns eine Frage, die uns überhaupt nicht ins Konzept des „friedlichen sozialistischen Aufbaus“ passt. Wir mussten also gegenüber den medienverantwortlichen Funktionären sehr lange erklären, mit welchen Garantien wir diese Sendung machen und mussten dafür persönlich haften. Der stellvertretende Chefredakteur hat mir damals mit auf den Weg gegeben, immer an diese persönliche Haftung zu denken: Ein Fehler – und ich wäre dann weg gewesen.

Wir haben den richtigen Ton gefunden

Gleich mit seinem Sendestart gelang es *DT64*, eine besonders enge Hörerbindung zu schaffen. Das äußerte sich auch in den Hörerbriefen, die täglich in der Redaktion eintrafen. Dafür zuständig war unter anderem *DT64-Redaktionssekretärin* Erika Rautenberg: „Ich habe 1953 – da war ich 23 Jahre – beim Funkbriefkasten angefangen. Das war die Poststelle beim Rundfunk, wo die Briefe aufgemacht und nach allen möglichen Richtlinien sortiert wurden – unter anderem für die verschiedenen Redaktionen. Im Laufe der Zeit kam das Gebiet *Jugendstudio DT64* dazu. Ich musste diesen Bereich betreuen und mit der Redaktion Kontakt halten. Und so ist es eigentlich gekommen, dass ich 1967 ganz zu *DT64* versetzt wurde. Dort waren wir mit mir zusammen vier Mitarbeiter, die für die Hörerpost zuständig waren.

Der Hörerkontakt hatte bei *DT64* eine ganz besondere Tradition. Immerhin waren es ja die Hörer, die nach dem Sonderstudio zum Pfingstreffen 1964 geschrieben haben, dass der Jugendsender, also diese Redaktion, weiter bestehen bleiben sollte. Sonst wäre *DT64* gleich nach dem Deutschlandtreffen wieder in der Versenkung verschwunden. Und es waren ja immer die Hörer, die geschrieben und gesagt haben: Ja, wir wollen das und jenes hören. Oder wie hieß denn der Musiktitel, oder könnt ihr das nicht mal spielen? Damals war ja das Fernsehen noch nicht so stark vertreten und mit dem Nachmittagsmagazin hatten wir eine günstige Sendezeit. Wenn die Schüler aus der Schule kamen, dann haben sie das Radio angemacht. Bei *DT64* hatten sie dann ihre Musik und vielleicht auch Themen, die sie interessierten, die ihre Probleme aufnahmen. Zum Beispiel, wenn es um Schule oder Berufsausbildung ging. Und es wurde geschrieben, geschrieben, geschrieben...

Die meisten Briefe kamen aus dem Raum Dresden. Aber auch aus den anderen Bezirken der DDR kam säckeweise Post an. Und wir haben beantwortet, beantwortet, beantwortet. Darunter waren auch die sogenannten Problem-Briefe. Das waren die Briefe, die eine umfangreiche Antwort brauchten. Manch einer hatte Ärger mit seinen Eltern oder Probleme in der Schule. Sehr häufig ging es auch um sexuelle Fragen von jungen Leuten, die mit keinem darüber reden können, die lieber schreiben. Und dadurch, dass es ja auch Sendungen mit bestimmten Schwerpunktthemen gab, wurden auch Leute angesprochen, die nicht immer zur jugendlichen Zielgruppe gehörten. Frei nach dem Motto: „Ach dann schreibste einfach mal dahin, die geben dir vielleicht ne Antwort. Die haben das ja schon irgendwie erörtert."

Eine Analyse der Hörerkontakte vom Juli 1983 ergab, dass zum Beispiel in diesem Zeitraum 5972 Briefe und 3870 Anrufe in der Redaktion eingingen. Die meisten davon betrafen den *DT64-Kundendienst* mit Grüßen, Musikwünschen, Rätseln, Plattentausch, Autogrammwünschen, Veranstaltungshinweisen und ähnlichem.

Auf Rang 2 rangierten Anrufe und Zuschriften zum Programm selbst. So meldeten sich insgesamt 1993 Hörer zur die Sendereihe *DT64-Sommerreise*. Dabei handelte es sich

akg-images, Sammlung Berliner Verlag, Archiv, AKG5575932

Christine Dähn und Andreas Fürll - Moderatoren-Duo vom Jugendsender DT64, kommentieren die Sendung „Rock-Studio", 1970er-Jahre.

um eine Aktion, bei der *DT64-Reporter* in der Urlaubs- und Ferienzeit auf „Entdeckungsreise“ in verschiedene Regionen der DDR gingen. Die Hörer konnten sich unmittelbar daran beteiligen, indem sie den Ort erraten sollten, wo sich die Reporter befanden. Dazu waren interessante Daten und Fakten aus der Geschichte und Gegenwart dieser Orte zu erfahren. Im Juli 1983 führte die *DT64-Sommerreise* zur Wiecker Brücke, nach Altenberg, Feldberg und Altenburg. Die Hörer konnten sich dazu am Kundendiensttelefon melden oder schreiben. Wie zum Beispiel NVA-Soldat Roland B. aus Brück: „Dass es Altenberg ist, entnahm ich gleich nach Eurem ersten Beitrag dem Kursbuch der Deutschen Reichsbahn. Die Idee zu einem solchen Preisrätsel finde ich sehr gut und hatte viel Freude an der Lösung der Aufgabe!“

Karsten Pahnke aus Hohenmölsen fügte hinzu: „Ich habe euer Ferienreisequiz nur so im Vorbeigehen gehört, doch ich habe sofort mitbekommen, dass es sich nur um Feldberg handeln könnte! Könntet ihr mir nicht ein Manuskript von den Beiträgen schicken, denn ich sammle Material über diese Stadt, weil da ein ganzer Haufen Erinnerungen dranhängt.“

Nur 25 Hörer meldeten sich zu der Sendung *DT64-Sportlertreff* vom 22.7.1983. Als Studiogäste waren drei Mitglieder der DDR-Eishockey-Nationalmannschaft dabei gewesen. Dazu meldete sich Norbert L. aus Wriezen, der offenbar zu einer Gruppe besonders privilegierter Jugendlicher gehörte, die einmal in den Westen reisen durften. „Ich war mit einer Jugendtouristgruppe in der Dortmunder Westfalenhalle Augenzeuge des Spiels BRD gegen DDR (4:3). Lasst die drei bitte ausführlich darüber berichten! Wir haben uns eine DDR-Fahne besorgt und unserer Mannschaft die Daumen gehalten. Wir wurden weitestgehend von den „Deutschland-über-alles-Typen“ verschont. Hut ab, dass sich unsere Jungs nicht provozieren ließen und den Fair-Play-Cup mit nach Hause brachten!“

Eine beliebte Sendereihe war *DT-Intim*, die sich den Themen um erste Liebe, Partnerschaft und Sexualität widmete. In den beiden Sendungen vom 12. und 26. Juli 1983 ging es um das Thema Eifersucht. Unter den Hörerbriefen war auch

Kerstin M. aus Sonneberg, die zum Beispiel wissen wollte: „Ich kenne ihn erst einen Monat, empfinde sehr viel für ihn. Er wollte mit mir zelten fahren, aber meine Eltern lassen mich nicht. Nun habe ich nichts mehr von ihm gehört. Wie soll ich mich verhalten, damit ich nicht wieder eine Niederlage erlebe?"

Besonders in der Urlaubs- und Ferienzeit nahmen die Suchmeldungen für die Rubrik *DT64-Kundendienst* zu. Gesucht wurden Bekanntschaften, von denen man in manchen Fällen nicht einmal den Vornamen wusste, wie zum Beispiel im Falle von Axel K. aus Nordhausen: „Sie hatte kurzes schwarzes Haar, einen weißen Pullover und weinrote Kordhose an. Sie schaute mit ihrer Freundin oft aus dem Zugfenster – ich auch! Bitte melde dich."

Etwas gehaltvoller ging es für die Hörer der Sendereihe *DT-Geschichtskalender* zu. In den vier Folgen des Untersuchungszeitraums wurden folgende Themen behandelt:

- Der griechische Schriftsteller und Satiriker Lukian (07.07.1983)
- Das KPD-Verbot durch die Nationalsozialisten von 1933 (14.07.1983)
- Der 200. Geburtstag von Simon Bolivar (25.07.1983)
- 30 Jahre Waffenstillstandsabkommen in Korea (25.07.1983)
- 15. Todestag von Otto Hahn (28.07.1983)

Dazu der Hörer Jürgen S. aus Putzkau: „Mich haben sehr die zitierten Ratschläge für Redner amüsiert, ich hatte zuerst geglaubt, es sei ein Zitat aus unserem Jahrhundert!" Ines P. aus Leipzig bedankte sich: „Bei meiner Abi-Prüfung hatte ich das Verbot der KPD als Thema. Ich las in der Fachliteratur, dass die KPD verboten wurde und interessierte mich dafür, wann sie wieder öffentlich auftreten durfte. Leider fand ich keinen Hinweis dazu. Auch mein Lehrer musste passen. Ihr habt mir sehr geholfen!" Peter S. aus Rostock stellte fest: „Mein Interesse an den großen Revolutionär Simon Bolivar ist gewachsen. Gerade in der heutigen Zeit, den von den USA heraufbeschworenen Konflikten im mittelamerikanischer Raum, ist er lebendiger denn je."

Ein großer Teil der Hörerpost bestand aus Meinungen, Vorschlägen und Fragen an die Redaktion. Zum Beispiel von Janka Ü. aus Sangerhausen: „Viele aus meiner Klasse wissen wenig über das Weltgeschehen oder sie machen sich keine Gedanken darüber. Ich fühle mich all denen verbunden, die sich für den Frieden einsetzten. Meine Freundinnen, unsere Klassenlehrerin und ich, wir versuchen immer wieder ihnen klarzumachen, wie wichtig der Frieden ist!“ Lutz Walter, Dresden, kam mit dem Programmvorschlag, „dass junge Hörer für Wirtschaft und politische Beiträge am empfänglichsten sind zwischen 17:30 Uhr und 19:00 Uhr Uhr sind. Novitäten und Sportbeiträge wären davor am besten. Es ist nicht zweckmäßig, gleich am Anfang der Sendung (also zum Feierabend) wieder mit Schule, Lehre und Arbeit anzufangen. Man braucht etwas Zeit zum Abschalten und um die Seele baumeln zu lassen.“ Thomas Kretschmar, Löbau, hatte eine Frage zu seinem Berufswunsch: „Könntet ihr mir vielleicht schreiben, wie die berufliche Laufbahn eines Arztes sich vollzieht? Ich möchte nämlich Arzt werden.“

„Im Prinzip hat sich bis heute nicht viel verändert. Es sind fast die gleichen Themen wie heute, wenn man erwachsen wird und irgendwelche Auseinandersetzungen mit Älteren hat, vielleicht auch Probleme in der Schule, sich zum ersten Mal verliebt oder sich für einen Beruf entscheiden muss“, resümiert Redaktionssekretärin Erika Rautenberg im Rückblick. „Wir haben nicht alles selbst beantwortet. Es gab auch Fachredakteure, die bestimmte Antwortbriefe vorformulierten – und die haben sie uns dann oftmals zum Schreiben gegeben. Oder wir haben bei denen einfach nachgefragt, was wir schreiben sollten.

Das *DT64-Kundendienst-Telefon* war immer besetzt – auch vor und nach der Sendung. Während der Sendung nahmen wir die Anrufe, die dann kamen, entgegen, und die gingen dann zum Sprecher rein. Das wurde gleich übertragen. Die Hörer wurden zwar zu diesem Zeitpunkt noch nicht live in der Sendung zugeschaltet, aber ihre Anliegen wurden gleich an den Moderator weitergegeben. Manchmal hat er nicht alles geschafft, alles zu verlesen, weil der Andrang zu groß war.

In der Redaktion waren wir damals etwa 30 Leute. Davon waren 15 Mitarbeiter für die Technik zuständig. Und die anderen 15 Mitarbeiter waren Redakteure und Sprecher. Diese kamen zumeist frisch vom Studium oder hatten gerade ein Fernstudium angefangen, weil sie als besonders talentiert galten. *DT64* war für die meisten das Startbrett zu einer Laufbahn beim Rundfunk.

Und dann gab es natürlich mehrere Sekretärinnen. Bei einer Dreieinhalb-Stunden-Rundfunksendung, die *DT64* damals noch war, gab es ja immer etwas zu schreiben. Für die laufende Sendung war dann immer ein Redakteur vom Dienst oder ein Sprecher vom Dienst zuständig. Da gingen die einzelnen Autoren mit ihren Reportagen, Interviews und sonstigen Beiträgen hin, um sie für die Sendung vorzubereiten.

Besonders bei uns im Berliner Raum musste sich *DT64* gegenüber den Westsendern behaupten. Das ist uns vielleicht deswegen gelungen, weil die Moderatoren den richtigen Ton gefunden haben, um an junge Leute ranzukommen. Sie hatten eine lockere Art und die Hörer wurden nur mit ‚Du' angeredet, auch in den Briefen. Der Tonfall war immer freundlich nett, witzig – und dennoch wurde jedes Anliegen, wurde jeder Hörer ernst genommen.

Wenn wir Kundendienst hatten, sind ja manchmal auch prominente Musikgruppen unten mit am Telefon gewesen. Die waren zwar ‚nur' aus der DDR und nicht aus dem Westen, aber wenn zum Beispiel Tamara Danz und ihre Band Silly bei uns am Telefon waren, und die Hörer konnten anrufen und mit den Leuten selber sprechen, da war richtig die Hölle los. Da glühten die Leitungen, das wurde gehört!

Übrigens konnten die Hörer schon damals ihre Musikwünsche schicken. Die kamen säckeweise. Die konnten wir nicht alleine sortieren. Manchmal habe ich in einer Schule angerufen und die haben uns Schüler zur Verfügung gestellt. Dann sind wir mit Sack und Pack, also den ganzen Postsäcken, in die Schule gefahren und haben Musikwünsche sortiert.

Aber es ging nicht nur allein um die Musik. Manchmal startete *DT64* auch besondere Aktionen. Eine Aktion ging die durch die ganze DDR. Da sind die Redakteure auf einem Zeh-

ullstein bild, 00057226

Bus mit der Aufschrift „DT Mobil" und „DT64 Festival Sonderfahrt" am Alexanderplatz in Ost-Berlin während des Nationalen Jugendfestivals der DDR, Juni 1984.

nerfahrrad durch die Republik gefahren. Vorne saß Eckard Rehwinkel, der war der Organisator – so hieß das bei uns. Hinten war ein eingebauter Brause-Kasten für die Getränke. Und so etwas erregte natürlich immer Aufsehen. Dann saßen da aber nicht nur unsere Redakteure drauf, sondern auch die Jugendlichen, die wir irgendwo in der Schule, im Lehrlingsbetrieb oder sogar im Urlaub besucht haben. *DT-Mobil* hieß die Aktion, mit der wir Hörer aus den ganzen Bezirken vors Mikro geholt haben.

Daneben es gab alle möglichen anderen Aktionen. Zum Beispiel war *DT64* mal auf dem Alexanderplatz in Berlin, wo eine große Festtafel angerichtet wurde. Auch das war in einer Sendung.

1973 sollten die *Weltfestspiele der Jugend und Studenten* in Berlin stattfinden. Da hatten wir zusammen mit der FDJ-Tageszeitung „Junge Welt" eine Aktion mit ganz besonderen Briefmarken gemacht. Die hätte die Post eigentlich gar nicht abstempeln dürfen, denn das waren eigentlich Spendenmarken. Wenn diese Spendenmarken auf einem Brief an *DT64* klebten, galten sie als Spende für die Weltfestspiele. Briefe mit Musikwünschen, auf denen solche Spendenmarken aufgeklebt waren, wurden dann bevorzugt behandelt. Diese Marken konnte man bei der Post kaufen und die Erlöse gingen als Finanzspritze zu den Weltfestspielen.

Unter den Hörerbriefen gab es natürlich auch politische Meinungen, dass irgendjemand unzufrieden war. Das waren aber nur Tabuthemen für die Live-Sendung. Aber Antwort haben auch diese Hörer gekriegt. Wobei diese Briefe wirklich schwer zu beantworten waren. Das ist ja dann ein Dokument und da musste man dann schon sozialistisch korrekt antworten. Aber derjenige unter den Redakteuren, der den Brief beantwortet hat, der vertrat dann auch diese Meinung.

Da gab es Redakteure, wie zum Beispiel Peter Salchow, die konnten auch in solchen Fällen sehr witzig schreiben.

Man denkt, beim DDR Rundfunk waren alles Parteigenossen. Aber das war nicht so. Ich war auch nicht in der SED, in keiner Partei. Nur in der Gewerkschaft waren wir alle drin. Aber es war auch den Nicht-Genossen und dem technischen Personal klar, dass da irgendwer aufpasst. Aber nur einmal bekam ich es direkt mit der Stasi zu tun. Was war geschehen? Am 4.10.1977 gegen 17:45 Uhr bekamen wir in der Redaktion einen anonymen Anruf mit Gewaltandrohung: ‚Hier spricht das Kommando 13. August! Wir fordern die Freilassung der wegen Menschenhandels verurteilten BRD-Bürger. Außerdem werden in letzter Zeit Ausreisen von BRD Bürgern in die DDR verweigert. Wir verlangen die Erfüllung der Forderungen auf Freilassung der BRD Bürger. Geschieht dies nicht, werden wir zwei DDR-Bürger, die in den Passierscheinbüros der DDR und West-Berlin ihren Dienst ausüben, erschießen. Wir verlangen, diese Forderungen an die zuständigen Dienststellen der DDR weiterzuleiten.' Danach legte der Anrufer auf. Ich saß da und war erst mal geschockt. Der Redakteur vom Dienst hat dann den Chef vom Dienst, der im Rundfunk saß, benachrichtigt. Darüber ging es sicherlich an die Staatssicherheit. Am nächsten Tag wurde ich dann von denen verhört. Da musste ich in ein Büro, das sie auf dem Rundfunkgelände hatten. Vorher habe ich davon gar nichts gewusst. Die wollten dann wissen, welche Stimmlage zu hören war und ob ich einen Dialekt heraushören konnte. Danach habe ich davon nichts mehr gehört.

Allerdings hatte die Geschichte eine sehr wichtige Konsequenz: Bis 1977 war es so, dass niemand die Anrufe während unseres Telefondienstes mitgeschnitten hat. Da konnte jeder anrufen, das war alles anonym. Aber von diesem Tage an wurde ein Mitschnittgerät angeschlossen. Das musste dann immer entsprechend gestöpselt werden. Nach drei Tagen wurde das Band schließlich abgehört und danach, wenn nichts besonders war, wieder gelöscht. Also die Bänder wurden nicht archiviert. Aber in den ganzen Jahren kam nie wieder so ein Anruf."

DT64 und RIAS – Kalter Krieg im Äther?

Der 1942 in Berlin geborene Journalist Olaf Leitner arbeitete seit 1968 beim West-Berliner Rundfunk*sender RIAS*, zunächst als freier Mitarbeiter, dann als Redakteur beim *RIAS-Treffpunkt*. Ab 1974 gehörte er zusammen mit Walter Bachauer und Barry Graves zum Team der Sendung Rock over *RIAS*, einer Sendereihe, die sich vor allem an DDR-Jugendliche richtete. Es war auch die Zeit, als sich Leitner eingehend mit der DDR-Rundfunklandschaft und insbesondere mit dem östlichen Rundfunkkonkurrenten *DT64* zu beschäftigen begann:

„Meine Beobachtungszeit setzt ab 1977/'78 ein. Und da haben wir es dann auch geschafft, durch viele private Verbindungen internen Kontakt mit den Kollegen von *DT64* und vom DDR-Rundfunk aufzunehmen. Da haben wir dann immer miteinander korrespondiert. Ich weiß nicht, wie weit dies unter den Augen der Stasi geschah, aber es hat immer ganz gut geklappt. Wir haben uns dann auch über westliche Korrespondenten, die in der DDR akkreditiert waren, Informationsmaterial ausgetauscht.

Rückblickend muss ich sagen: das Musikprogramm von *DT64* war eigentlich, wenn man so will, doch ziemlich dem westlichen Musikprogramm angenähert. Das hatte ein sehr hohes Niveau. Also die Redakteure und Moderatoren des *Jugendstudios* waren gut informiert. Sie haben sachlich informiert über die Bands, natürlich in erster Linie aus dem eigenen Land, klar, und auch aus dem Ausland. Wenn dann mal ein berühmter Rockmusiker etwas gegen den Kapitalismus gesagt hat, dann wurde das natürlich genüsslich publiziert. Man hat das mit Freuden verlesen, um dann sozusagen auch die ideologische Rückendeckung zu haben. Aber mein Eindruck war immer, dass der Rundfunk noch das liberalste Instrument in der DDR-Medienlandschaft war, dass man da so manches machen konnte, was dann nicht gleich bei der Zensur auffiel. Wenn man sich im üblichen Rahmen gehalten hat, schien man sich auch als Redakteur im DDR-Jugendfunk relativ frei bewegen zu können."

Frage: Welche Sendungen gab es Mitte der 70er-Jahre im DDR-Jugendfunk? *DT64* war ja nicht das einzige Magazin.

Olaf Leitner: Nein, aber es war das populärste Sendeformat, welches sich ja dann Ende der 80er-Jahre zu einem eigenen Programm entwickelt hat, das dann zwölf bis vierzehn Stunden ging.

Daneben gab es die *Notenbude*, überwiegend mit Wolfgang Martin bei Stimme der DDR. Dann gab es den *Radio DDR Musikklub*. Das lief auf DDR 2, dem Bildungsprogramm des DDR-Rundfunks. Da wurden dann Musikthemen ausführlich behandelt. Und schließlich gab es *Trend – Forum populärer Musik* im *Berliner Rundfunk* – eine tolle Sendung, die Jürgen Balitzki gemacht hat. Das waren Sendungen, die habe ich persönlich sehr gerne gehört. Damals hatte ich irgendwann entdeckt, dass man bei uns im Westen sehr viel über die Rockmusik aus Australien, England und den USA weiß, aber nichts über die vergleichbare Musik in der DDR. Deshalb habe ich angefangen, diese Musik zu sammeln. Es gab da ein Schlüsselerlebnis mit der Renft-Combo, als die aufgelöst wurde. Dahin hatte ich persönliche Kontakte – die haben mich quasi heiß gemacht auf die Musik ihres Landes, auf die DDR-Rockmusik. Und die bestand eben nicht nur aus Puhdys und Karat, da gab es ganz, ganz viele andere Gruppen auf ganz hohem Niveau. Darunter waren viele Interpreten, die eigentlich auch hätten Weltstars werden können, wenn man sie gelassen hätte.

Frage: Warum traf Ihr Programm den Nerv der Jugendlichen in der DDR?

Olaf Leitner: Der Grund war das Informationsdefizit. Also wir wussten, wenn die Jugendlichen im Osten genügend Tonbandmaterial oder Kassetten haben, um mitzuschneiden, dass sie dann Musik geliefert bekommen, an die sie sonst nie herankommen. Es war zwar so, dass die DDR auch gelegentlich Westplatten veröffentlichte. Also das berühmte Thriller-Album von Michael Jackson zum Beispiel ist auch in der DDR veröffentlicht worden. Aber es war dennoch herzlich wenig. Und wenn irgendeine liebevolle Großmutter ihrem

Enkel eine neue Platte aus dem Westen mitbrachte, weil sie ja reisen durfte, dann kreiste diese Platte und wurde überall umgeschnitten. Und die Umschnitte auf Kassette wurden ebenfalls noch wieder umgeschnitten, bis zum Schluss kaum noch etwas auf der Kassette zu hören war. Also es war ein Mangel an Musik, die das Publikum haben wollte. Und wir haben uns genau darauf spezialisiert und spezielle Musikgenres angeboten. Das haben wir auch vorher angekündigt: Zum Beispiel heute Abend kommt Blues, morgen Abend kommt Reggae oder Ska – und so weiter. Und da konnten sie sich die Bänder füllen und bekamen mehr, als sie auch finanziell verkraften konnten, denn Tonbänder und Kassetten waren in der DDR nicht billig!

Wir durften übrigens auch nicht auf die Musik draufsprechen. Heute werden die Musiktitel ja nicht ausgespielt. Auf den auslaufenden Titel kommt heute gleich der nächste

akg-images, Sammlung Berliner Verlag, Archiv, AKG5574930

Ein Schüler sitzt im Klassenzimmer und hört über einen Kassettenrecorder Musik, 1983.

Jingle oder die nächste Moderation. Damals mussten wir ganz konservativ und schön ausblenden, und erst dann durften wir reden. Haben wir das nicht gemacht, klingelten sofort die Telefone.

Frage: Wie reagierte man in der DDR auf dieses Programmangebot?

Olaf Leitner: Ja, indem man auch das Programm ausweitete. Es gab dann im DDR-Rundfunk plötzlich auch lange Musik-Nächte, in denen dann bis zu 6 Stunden Rockmusik gesendet wurde. Die haben das dann von uns kopiert. Wir haben ja meistens nie reagiert. Also zumindest unseren Programmverantwortlichen war das relativ egal, was die drüben gemacht haben.

Wer zu spät kommt...

Zu Beginn der 80er-Jahre waren allein im Berliner Raum 14 UKW Sender zu empfangen. Mit dem Sendestart der privaten Anbieter hatte sich das Angebot westlicher Sender noch mehr erweitert. Der Druck, endlich einen eigenen DDR-Jugendsender aufzubauen, war gestiegen. Aber bereits in den ersten Planungen wurde deutlich, dass man weder über den entsprechenden Personalbestand, noch über die technischen Voraussetzungen verfügte, um dies in kurzer Zeit zu realisieren. Zu lange hatte man sich auf jener Kompromisslösung ausgeruht, die das Staatliche Rundfunkkomitee im Sommer 1964 beschlossen hatte. Die jahrelangen Versäumnisse nachzuholen, würde – das war allen Beteiligten klar – zu einem Kraftakt werden, der sich nur in mehreren Schritten realisieren ließ.

Wie angespannt allein die Personalsituation in den beiden Jugendredaktionen gewesen sein muss, zeigt der Fall des jungen Journalisten Manfred Börner. Er arbeitete seit 1974 in der *DT64-Redaktion* und war hier für verschiedene Programmschwerpunkte, wie zum Beispiel das Studentenmagazin bit verantwortlich. 1980 wollte er den DDR-Rundfunk verlassen, um als Wissenschaftsredakteur bei der FDJ-Zeitschrift *Forum* anzufangen. Mehrere Gespräche mit der Rundfunkleitung konnten ihn nicht davon überzeugen, von dem angestrebten Arbeitsplatzwechsel abzusehen. Schließlich drohte man ihm, dass man im Falle seiner Kündigung die ZK-Agitationsabteilung einschalten würde. Sie sollte der Redaktion der Zeitschrift Forum ganz amtlich untersagen, den *DT64-Redakteur* Manfred Börner einzustellen. Er blieb und wechselte daraufhin in die Planung des erweiterten Jugendprogramms: „Als ich dazukam, hatten wir diese drei Stunden im Nachmittagsprogramm des *Berliner Rundfunks*. Und parallel gab es ja dazu auch schon bei Stimme der DDR *HALLO das Jugendjournal*. Wenn zum Beispiel ein wichtiges jugendpolitisches Ereignis stattfand, dann begegneten sich dabei immer zwei Reporter:

einer von *DT64* und einer von *HALLO*. Und da hat man gesagt: Diese Kräfte könnte man bündeln, dann könnte man ein ganz anderes Angebot machen."

Bisher war *HALLO das Jugendjournal* von 19.10 Uhr bis 20.30 Uhr im Programm von *Stimme der DDR* zu empfangen. Mit der Erweiterung des Jugendprogramms erhielt das Magazin einen zusätzlichen Sendetermin am Samstagnachmittag.

Auch auf der Berliner UKW-Frequenz 95,05 MHz gab es vom zweiten Halbjahr 1981 an ein erweitertes Abendprogramm für Jugendliche: ab 19.00 Uhr zunächst die *Litfaßsäule*, eine siebenminütige Programmvorschau mit Veranstaltungstipps, danach die Übernahme des Jugendprogramms *Hallo von Stimme der DDR*, ab 20.30 Uhr spezielle Magazine wie *Stadtkieker, Ad libitum – Klassik für junge Leute, Songs international – Lieder mit Grips* und schließlich den *DT64-Songklub*.

Dazu Manfred Börner: „In Berlin arbeiteten damals im Rahmen verschiedener Jugendobjekte sehr viele junge Bauarbeiter aus den einzelnen Regionen der DDR. Und wir haben versucht, in unserem erweiterten Abendprogramm den jungen Leuten diese Stadt etwas näher zu bringen. Da kamen dann solche Sendungen wie *DT64-Stadtkieker* ins Programm. In dieser Sendung waren Reporter zu ungewöhnlicher Zeit in Berlin unterwegs. Zum Beispiel haben wir während einer Vorstellung des Friedrichstadtpalastes hinter die Kulissen geblickt, waren in den Garderoben, und so weiter.

Wir waren aber auch an solchen Orten, wo es abends ganz still ist. Zum Beispiel im Arboretum im Baumschulenweg, wo wir dann nachts mit einem Gärtner durch die Gartenanlagen gegangen sind und mal erkundet haben, was dort so läuft. Also ganz ungewöhnliche Dinge. Oder wir waren nachts im Tierpark Berlin, zu einer Zeit, wo eigentlich ja auch die Tiere schlafen. Das waren die *Stadtkieker*.

Oder wir haben eine Sendung mit dem Titel *Winkelzüge* ins Leben gerufen. Da sind zwei Reporter über Berliner Hinterhöfe losgezogen und haben erkundet, wie dort die Leute lebten, wie es früher dort war. Wir haben dabei auch mit den ganz Alten gesprochen, die uns ihre Geschichten vom Kiez erzählt haben.

Wir haben die Außenpolitik mit Sendungen wie *Blick auf* ins Programm gebracht. Da hatten wir Korrespondenten zu Gast, die eigentlich im Ausland akkreditiert waren, aber sich zu ihrem Jahresurlaub drei oder vier Wochen komplett in Berlin aufhielten. In dieser Zeit haben wir sie ins Studio eingeladen, um ihnen Fragen zu diesen Ländern zu stellen. Das kam damals alles ins Programm. Das lief gut an."

Dennoch verliefen bereits diese ersten Programmerweiterungen nicht ohne Probleme. Wie groß die Widerstände allein in der Redaktion waren, lässt sich anhand eines IM-Berichtes an das Ministerium für Staatsicherheit (MfS) vom 20.10.1981 ermessen: „*Jugendstudio DT64* hat zum 1.9.1981 seine Sendezeit im Berliner Raum täglich um viereinhalb Stunden erweitert und mit der Gestaltung eines Abendprogramms begonnen. Von den meisten Mitarbeitern wird nicht verstanden, wie die erheblich gewachsenen Arbeitsaufgaben auf die Dauer ohne Erweiterung des Kaderstandes bestritten werden sollen. Zwar gibt es einen Teil von Mitarbeitern, die auch jetzt ihre Reserven nicht völlig ausschöpfen, jedoch konzentrieren sich wichtige Sendevorhaben auf einen begrenzten Kreis von ‚gestandenen' Journalisten, die in eine Art ‚Stresssituation' geraten sind.

Bei vielen Mitarbeitern gibt es Unzufriedenheit mit den derzeitigen Gehaltsregelungen, die teilweise auf Festlegungen von 1979 zurückgehen und in keiner Weise den neuen Anforderungen und Leistungen entsprechen. Bei Vergleichen mit Mitarbeitern anderer Redaktionen mit ähnlichen Arbeitsaufgaben treten Diskrepanzen von bis zu 150 Mark monatlich zutage. Das Vorhaben der Redaktionsleitung, erhöhte Aufwendungen für das Abendprogramm mit Honoraren zu vermitteln, führt zu Misstrauen, da einzelne Leistungen schwer miteinander vergleichbar sind.

Mehrere Mitarbeiter, die die Redaktion verlassen möchten, werden daran gehindert und mit teilweise erheblichen Fristen weiter an die Redaktion gebunden.

Andererseits werden Mitarbeiter, die zwar nicht Höchstleistungen vollbringen, dennoch auf verschiedenen Gebieten Fähigkeiten nachgewiesen haben, von der Leitung zum

Verlassen der Redaktion angeregt, obwohl sie selbst gerne bleiben möchten.

Seit mehreren Jahren duldet die staatliche Leitung die Mitarbeit von Paaren in der Redaktion, was ansonsten beim DDR-Rundfunk nicht üblich ist. Mit ihrem Auftreten für gemeinsame Interessen beeinflussen sie das Arbeitsklima negativ.

Spürbar ist ein allgemeines Desinteresse an der Arbeit des anderen. Kritische Auseinandersetzungen zu den Sendungen, die gegenseitig kaum abgehört werden, sind selten geworden. Die Einschätzung von Sendebeiträgen im Kollektiv erfolgt oftmals nach dem derzeitigen ‚Ansehen' des Verfassers."

Auch in technischer Hinsicht gab es viele Probleme zu lösen. Dazu Manfred Börner: „Wir bekamen weitere Frequenzen zunächst in Leipzig hinzu: wenn keine Messe war, konnten wir die Frequenzen der Leipziger Messewelle nutzen. In Rostock waren es die Frequenzen der Ferienwelle, die wir im Winterhalbjahr nutzten. Die Ferienwelle an der Ostseeküste sendete ja nur von Anfang Mai bis Mitte Oktober. Es kamen dann aber auch schrittweise ganz neue Frequenzen hinzu."

In einem Bericht an das Ministerium für Staatssicherheit wird dazu festgestellt: „Ausgehend vom Interesse des jugendlichen Hörerkreises wird seit dem 6. Oktober 1983 auf Initiative des Funkamtes Dresden über den UKW- und Fernsehturm Dresden mit einem 1-Kilowatt-Sender mit der Frequenz 96,2 MHz das Jugendprogramm in Stereo abgestrahlt. Diese Initiative trug Übergangscharakter und war in ihrer Wirksamkeit technisch bedingt auf die Versorgungsbereiche Dresden Stadt und mit Einschränkungen auf Teile der Kreise Freital, Meißen und Pirna ausgerichtet."

In einem weiteren Bericht vom 21. März 1984 wird schließlich eingeschätzt, „dass das erweiterte Abend und Wochenendprogramm eine enorme Bereicherung und Befriedigung von Hörerbedürfnissen Jugendlicher darstellt und darüber hinaus weitaus mehr Möglichkeiten und Spielraum für den einzelnen Journalisten bietet, sich zu entfalten. Allerdings wird darauf verwiesen, dass mit den erweiterten Sendezeiten und Möglichkeiten nicht die entsprechenden

Redaktions- und Sendestrukturen gewachsen sind. Der jetzige Zustand, das zwangsläufige Koordinieren zwischen mehreren Reaktionen zweier Sender zu einem gemeinsamen Programm, scheint ein sicher notwendiges Übergangsstadium auf dem Weg zu einem eigenen Jugendsender zu sein."

Die Probleme in der Redaktion wurden jedoch nicht nur durch die geplante Sendeerweiterung hervorgerufen. Seit der Gründung von *DT64* waren anderthalb Jahrzehnte vergangen. Mittlerweile hatte sich unter den Mitarbeitern ein Generationswechsel vollzogen, der nicht immer problemlos ablief. Ein IM-Bericht vom 21. März 1984 beschreibt die Situation so:

„Junge Kollegen konnten die entstandenen Lücken nicht immer schnell genug schließen, wurden manchmal auch mit den hohen Anforderungen nicht fertig oder vermochten sich nicht auf den spezifischen Hörerkreis einzustellen. Mancher junge Kollege wurde auch durch die ‚Nostalgieschwärmerei' der ‚alten Hasen' zu herausragenden Leistungen stimuliert. Der Anfangselan, die Startbegeisterung der Leute von „damals", lässt sich natürlich nicht automatisch auf die Neuen übertragen."

Innerhalb der Redaktion gab es beträchtliche Unterschiede in der Einsetzbarkeit und Belastbarkeit einzelner Kollegen. Dazu vermerkt der Bericht:

„Der Kreis der Originalreporter, Moderatoren und ‚Protokoll-Reporter' ist begrenzt. Auf sie fällt ein sehr hoher, oft zusätzlicher und nicht vorhersehbarer Arbeitsanfall. Mitunter ist ein so hohes Arbeitsquantum erforderlich, dass es bei einzelnen Beiträgen nicht immer ohne Qualitätsverlust abgeht und den betreffenden Kollegen deshalb innere Konflikte erwachsen.

Es gibt einige Kollegen, die über diesen Zustand nicht befriedigt sind, zumal sie sehen, dass in vielen anderen Redaktionen bei weitem nicht so hektisch gearbeitet wird. Dort scheint mehr Zeit für eine gründliche Vorbereitung von Sendungen und Beiträgen zur Verfügung zu stehen.

Eingedenk der enorm angestiegenen Arbeit, die sehr häufig auf Abend- und Wochenendstunden fällt, scheinen die durchschnittlichen Gehälter im Vergleich zu anderen aktuell politischen Redaktionen zu niedrig liegen.

Es gibt Kollegen, die von einer Dienstreise zu anderen jagen und permanentem Stress ausgesetzt sind. Die Gefahr des schnellen Verschleißens und des manchmal situationsbedingten Schaffens von Misserfolgserlebnissen scheint gerade bei jungen Kollegen nicht ausgeschlossen."

Vor dem Beginn des erweiterten Jugendprogramms gab es Arbeitsgruppen, die für die Realisierung bestimmter Themen eingeteilt wurden. Mit der Programmerweiterung mussten die einzelnen Mitarbeiter verstärkt eigenverantwortlich arbeiten. Das sorgte für weitere Konflikte: „Als sehr negativ im Vergleich zu früher wird von vielen Kollegen empfunden, dass eine gründliche Programmkritik, eine schöpferische Analyse und Diskussion der eigenen Sendeprodukte vor allem aus Zeitgründen kaum noch möglich ist. Manchem fehlt vielleicht auch das öffentliche Lob in einem größeren Kreis."

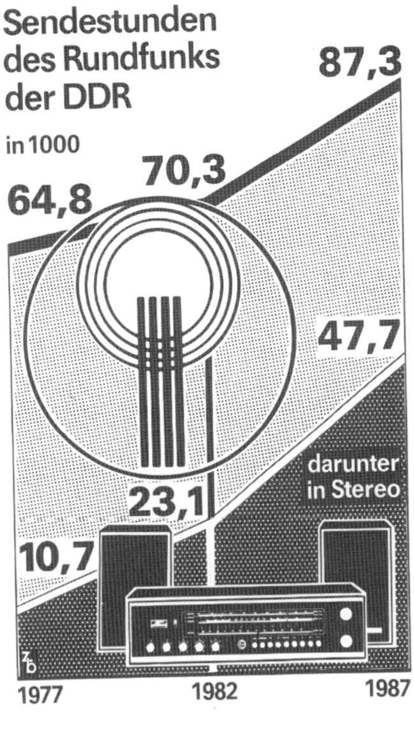

Bundesarchiv, Bild 183-1988-1128-005

Sendestunden des Rundfunks der DDR. Mit der Erweiterung der Sendezeiten von Jugendradio DT 64 von 11 auf 20 Stunden täglich stieg die Sendezeit beim Hörrundfunk.

Während die *DT64-Redaktion* vor scheinbar unlösbaren Problemen stand, schien der Ausbau der westlichen Konkurrenzprogramme immer schneller voranzugehen.

Am 30. September 1985 ging der West-Berliner Sender *RIAS* 2 als 24-Stunden-Jugend-Programm auf Sendung. Die Presse sprach von einem fulminanten Start. Allein in West-Berlin erreichte man mit *RIAS 2* auf Anhieb 300.000 Hörer pro Durchschnittsstunde. Aber auch im Osten wurde *RIAS 2* ein voller Erfolg. Das bestätigt ein Bericht der Hauptabteilung II des MfS vom 26.11.1985:

„Im Zusammenhang mit der Programmveränderung des West-Berliner Senders *RIAS* kommt es unter FDJ-Funktionären der Bezirksleitung Berlin zu nachfolgenden Meinungsäußerungen: Auf Unverständnis stößt, wieso der DDR-Rundfunk nicht vor Inkrafttreten der neuen *RIAS*-Programmstruktur – speziell *RIAS 2*, die ja im Vorfeld breit publiziert wurde, mit einem ‚Gegenprogramm' aufgetreten ist.

Es erscheint viel zu spät, erst im März 1985 die Sendezeit der Jugendsendung *DT64* von 13.00 Uhr bis 19.00 Uhr zu verlängern, denn zu diesem Zeitpunkt sind die Hörgewohnheiten hinsichtlich *RIAS 2* bei der Jugend schon voll ausgeprägt.

Durch vereinzelte FDJ-Funktionäre angestellte interne Meinungsumfragen zur speziellen Programmstruktur von *RIAS 2*, als sogenannter Jugendsender, belegen in der Tendenz

- Als Vorteil von *RIAS* wird gesehen, dass er ein attraktives Musikprogramm sendet, ein Programm, was rund um die Uhr läuft, wo man keine anderen Sender einstellen braucht.
- Der knappe Informationsgehalt wird als gut empfunden, zumal DDR-Themen angesprochen werden. Nur vereinzelt wird erkannt, dass mit den Informationen ganz geschickt politisch-ideologische Diversion betrieben wird.

Schlussfolgernd daraus wird gefordert, auch durch den DDR-Rundfunk eine Jugendwelle auszustrahlen."

Der Start einer solchen Jugendwelle war zu diesem Zeitpunkt allerdings schon konkret geplant: „Inoffiziell wurde weiter bekannt, dass auf Beschluss des Politbüros des ZK der SED ab 01.04.1986 ein Jugendsender in der DDR mit seinem Programm beginnt. Dies steht im engen Zusammenhang mit dem XII. Parlament der FDJ, wo durch Genossen Eberhard Aurich eine Erweiterung des Programms von *Hallo und DT auf UKW* angekündigt wurde. Auf diesem Sender sollen dann täglich von 13.00 Uhr bis 24.00 Uhr Jugendprogramme ausgestrahlt werden. Bis 13.00 Uhr sollen die geschaffenen Frequenzen durch die Regionalsender im Frühprogramm genutzt werden. An der Nutzung dieser Frequenzen durch Regionalsender im Frühprogramm entzündet sich gegenwärtig die Diskussion, da damit die Chance für ein jugendgemäßes Frühprogramm erneut vertan wurde."

Dieses Manko war der Sendeleitung durchaus bewusst. Doch es fehlte noch immer an Mitarbeitern für die Produktion eines Frühprogramms, denn die Besetzung des dafür vorgesehenen Stellenplanes erwies sich weiterhin als sehr schwierig. In einer „Information" an das MfS vom 31.10.1985 heißt es dazu: „Die meisten der bisher angesprochenen Journalisten des *Berliner Rundfunks*, welche für eine Mitarbeit bei dem Jugendsender gewonnen werden sollten, lehnten dies ab, bzw. versuchten eine Delegierung zu umgehen. Ausschlaggebend dafür ist das von vielen Journalisten dieses Senders als unangenehm empfundene Arbeitsklima bei der *DT64-Redaktion*.

Als einen weiteren Grund für die Ablehnungen, in den Jugendsender überzuwechseln, wird benannt, dass die Konzeption der zukünftigen inhaltlichen Arbeit dieses Jugendsenders nicht ausgereift und einfallslos sei. Dies wurde insbesondere im Zusammenhang mit der am 1.10.1985 wirksam gewordenen neuen Programmstruktur des *RIAS* gesehen, das mit seinen Sendungen aufgrund einer geschickten und journalistisch gut gemachten Art auf große Resonanz bei vielen Jugendlichen in der DDR stoßen werde. Dieser Resonanz könne nach Ansicht vieler Journalisten des *Berliner Rundfunks* mit dem neuen Jugendsender unter diesen Umständen nicht entgegengewirkt werden. „Gegenwärtig wird nun von Seiten der mit dem Aufbau des Jugendsenders Beauftragten versucht, mittels Versprechungen eine Reihe von Journalisten bzw. Schreibkräften und Sekretärinnen beim *Berliner Rundfunk* abzuwerben."

Entgegen aller Widerstände war es schließlich soweit: am 7. März 1986 fusionierten *Jugendstudio DT64* vom *Berliner Rundfunk* und das Magazin *Hallo – das Jugendjournal* vom Sender Stimme der DDR zum *Jugendradio DT64*.

Das neue Programm startete mit der Sendung *Auf-Takt*, moderiert von Stefan Lasch. Schenkt man allerdings einem Bericht an das MfS vom 4. April 1986 Glauben, gestaltete sich der Start etwas holprig: „Inoffiziell wurde bekannt, dass vor allem unter jüngeren Mitarbeitern des *Berliner Rundfunks* die Wirksamkeit des am 7.3.1986 eröffneten Jugendsenders *DT64* als bisher unter ihren Erwartungen geblieben eingeschätzt wird. So habe sich der Aufbau und die Gestaltung der Sendungen des neuen Jugendsenders im Verhältnis zu den bisherigen Sendungen von *DT64* nicht verändert; mit einer größeren Anzahl von Redakteuren und technischen Kräften sei kein Qualitätsaufschwung erzielt worden.

In diesem Zusammenhang wurde die Befürchtung geäußert, dass der Jugendsender *DT64* kein Gegengewicht zu den Sendungen des Rundfunksenders *RIAS II* darstellen würde, welcher seit seiner Umprofilierung im Oktober 1985 von sehr vielen Jugendlichen in der DDR gehört werden würde. Im oben genannten Personenkreis wurde geäußert, dass sich jedoch positive Veränderungen in dieser Hinsicht ergeben könnten, wenn – wie vorgesehen – ab 1987 der Jugendsender *DT64* ein Ganztagsprogramm bestreiten ... wird."

Auch in technischer Hinsicht gestaltete sich der Sendestart der neuen Jugendwelle unbefriedigend: „Inoffiziell wurde durch eine sachkundige Quelle bekannt, dass die gegenwärtigen technischen Voraussetzungen (Sendeanlagen, Studiotechnik) für einen optimalen Sendebetrieb von Jugendradio unzureichend sind.

Die Kapazität des Senders ist so gering, dass Programme von Jugendradio teilweise nur im Berliner Raum empfangen werden können. Durch Mitarbeiter von Jugendradio wird in diesem Zusammenhang kritisiert, dass von Seiten der staatlichen Leitung, trotz wiederholter Hinweise auf diese Diskrepanz, keine entsprechenden Maßnahmen getroffen wurden, um diese Mängel abzustellen.

Desweiteren wird die Meinung vertreten, dass mit diesen technischen Voraussetzungen kein ideologischer Klassenkampf geführt werden kann und somit die Jugendlichen aus der DDR sich weiterhin an westlichen Massenmedien orientieren werden.

Dieser gesamte oben genannte Komplex wächst an Bedeutung, wenn man in Betracht zieht, dass gegenwärtig der *SFB* umstrukturiert wird und eine ähnliche Programmgestaltung ab Januar 1987 wie beim *RIAS* angestrebt wird.

Die Mitarbeiter von Jugendradio vertreten die Meinung, wenn nicht umgehend Änderungen eintreten, und zwar vor dem Neubeginn beim *SFB*, sei eine Massenwirksamkeit von Jugendradio unter DDR-Jugendlichen nur schwer möglich. Desweiteren besteht die Forderung nach Aufstockung des Mitarbeiterstammes, vor allem mit ausgebildeten Musikredakteuren, um qualitativ noch bessere Sendungen zu produzieren. Hierbei besonders zu beachten wäre die Forderung nach einem Frühprogramm."

Bedenkt man die desolate Situation, die in der zweiten Hälfte der 80er-Jahre in ausnahmslos in allen Bereichen des wirtschaftlichen Lebens in der DDR vorherrschte – der DDR-Rundfunk bildete hier keine Ausnahme –, erstaunt es im Nachhinein, wie schnell der Ausbau der Senderkette für das neue Jugendradio dennoch voranschritt. So konnte zum Beispiel schon am 17. März 1987 ein neuer leistungsstarker 6-KW-Sender am UKW- und Fernsehturm Dresden in Betrieb genommen werden. Dieser arbeitete auf der Frequenz 102,4 MHz und strahlte das Programm von „*Jugendradio DT64*" in Stereo ab. Da dies aber im Vorfeld nicht in der Presse bekanntgegeben worden war, kam es bei der Abschaltung des alten Senders zunächst zu zahlreichen Beschwerden aus der Bevölkerung. Auch vor diesem Hintergrund war man bemüht, besonders den sächsischen Raum schnellstmöglich mit dem neuen Jugendradio-Programm zu versorgen: „Für den Bezirk Dresden ist in Erweiterung des UKW Sendernetzes der DDR, insbesondere der Abstrahlung ... von *Jugendradio DT64* vorgesehen, diese bis Jahresende 1987 mit einem Sender auf der Frequenz 101 MHz und eine Leistungsstärke von 1 KW zu ergänzen. Die gegenwärtige Abstrahlung des DT-64-Programms erfolgt auf der Frequenz 81,8 MHz. Diese funktechnische Maßnahme soll im Wesentlichen der weiteren Verbesserung der Empfangsbedingungen im Oberlausitzer Gebiet, speziell in den Kreisen Löbau, Zittau und Görlitz dienen."

Auch in der Berliner Nalepastraße, am Produktionsstandort des Jugendradios, versuchte man unter Hochdruck, die nötigen technischen Voraussetzungen zu verbessern. Im Oktober 1987 konnte schließlich der neue *DT64-Studiokomplex* eingeweiht werden. Damit verfügte der Jugendsender über die besten Produktionsbedingungen innerhalb des DDR-Rundfunks.

Zwei Monate später, am 1. Dezember 1987, ging endlich das neue 20-Stunden-Programm von *Jugendradio DT64* auf Sendung – nun auch mit dem eigenen Frühprogramm *Morgenrock*.

Es geht ja eigentlich „nur“ um Musik!

Wolfgang Martin, Moderator und Musikredakteur bei *Jugendradio DT64*, wählte nach eigenem Bekunden einen ziemlich konsequenten Weg zum Hörfunk. Geboren 1952, war sein frühester Kindheitstraum, einmal selbst zum Radio zu gehen. Der gelernte Schriftsetzer bewarb sich nach dem Abitur um ein Volontariat beim DDR-Rundfunk und wurde angenommen. 1975 begann er zunächst als Redakteur bei *Stimme der DDR* zu arbeiten, danach bei *DT64*.

Im folgenden Interview äußert er sich über die Rolle der Musik im Jugendprogramm von *DT64* und über die dortigen kleinen Freiheiten, die nicht unbegrenzt waren:

Frage: Wann sind Sie zu *DT64* gekommen?

Wolfgang Martin: Das war 1984 – 85. Also *DT64* war eine eigene Sendereihe, die beim *Berliner Rundfunk* angesiedelt war. Wir waren die Jugendmusikredaktion bei *Stimme der DDR* – also eine eigene Jugendmusikredaktion. Und dann kamen irgendwann die Herren aus der Chefetage vom DDR-Rundfunk auf die Idee, dass man ja diese beiden Jugendredaktionen fusionieren könnte. Daraus entstand dann dieses *Jugendradio DT64*. Und von dem Moment war ich dann auch mit dabei.

Frage: Wie war die Atmosphäre zum Sendestart 1986?

Wolfgang Martin: Ja die war sehr spannungsgeladen, weil natürlich jeder für sich und sein Programm, was er dort einbrachte, kämpfte. Jeder hatte das bessere, das freiere, das liberalere Programm. *Stimme der DDR* brachte mit Sendereihen wie *Die Notenbude*, *Die Beatkiste* und *Hallo – das Jugendjournal* Programminhalte mit ein, die bereits sehr populär in der DDR waren. Man konnte diese Sendungen übrigens auch in der alten Bundesrepublik empfangen, da das Programm von Stimme der DDR bis weit ins Ruhrgebiet ausstrahlte.

Aber auch die Kollegen vom *Jugendstudio DT64* verfügten ja schon über eine Reihe musikjournalistischer Sendungen, wie zum Beispiel *Trend – Forum populärer Musik*. Das war eine sehr wichtige und zu diesem Zeitpunkt sehr gut eingespielte Sendung, in der zum Beispiel auch bestimmte Musikthemen über sehr lange Zeiträume publizistisch bearbeitet wurden.

Also der Wettbewerbsgedanke und wie man das miteinander zu einem Programm verschmelzen könnte, das war am Anfang schon da. Aber weil sich die Kollegen ohnehin persönlich alle gut kannten, hat sich diese anfängliche Spannung auch bald aufgelöst.

Frage: Wie muss man sich das *DT64-Programm* nach der großen Sendererweiterung vorstellen?

Wolfgang Martin: Also es war erst mal ein sehr durchmischtes Pop-Rockprogramm. Wir haben ja am Anfang nur zwölf Stunden gesendet. Das ist dann Schritt für Schritt ausgeweitet worden zu einem 24-Stunden Programm.

Die Sendestrecken haben sich dem Tagesgefühl der jungen Zuhörer angepasst – also so, wie wir uns das vorgestellt haben und wie das auch bestimmten soziologischen Untersuchungen zufolge eingebracht wurde.

Klar – wir haben versucht, mit einer möglichst muntermachenden Musik und vielen Hits die Leute gut in den Tag zu bringen. Das war zum Beispiel in unserem Frühprogramm die Sendung *Morgenrock*.

Das Tagesgefühl hat sich dann in den verschiedenen Stunden immer wieder ein bisschen verändert. Es gab auch ruhige Strecken. Und wir haben am Abend die musikjournalistischen, thematischen Sendungen gehabt. Da gab's also Angebote, die bestimmte Defizite ausgleichen sollten, die in der DDR durch den nicht vorhandenen Schallplattenmarkt vorhanden waren. Dafür haben wir zum Beispiel eine Sendereihe gehabt, die hieß *Rock'n Roll Museum*. Hier wurden ausschließlich Bands und Musiker aus dem Westen vorgestellt. Der Hörer erfuhr näheres aus ihrer Geschichte und ihrem künstlerischen Werdegang. Dazu wurden Musiktitel aus ihrer gesamten Schaffensphase eingespielt, also auch jene Stücke, welche die Drei-Minuten-Fünfzig-Dauer sprengten und schon aufgrund ihrer Länge nicht Hitradio-kompatibel im heutigen Sinne waren.

Dann hatten wir eine Sendereihe nachmittags im Programm gehabt, die hieß *Duett Musik für den Rekorder*, wo jeweils zwei Langspielplatten am Tag vorgestellt wurden. Da gab es also auch immer eine kleine Einführung zu den Interpreten, zu der Musik auf dieser Platte, und dann wurden so ca. 20 – 25 Minuten komplette Schallplattenseiten oder Ausschnitte daraus gesendet. Und die Zuhörer haben das vor allen Dingen genutzt, um die Musik mitzuschneiden, weil es die in den Geschäften nicht zu kaufen gab.

Die Durchmischung der Musik mit Rock/Pop als Basis im Tagesprogramm war sehr international. Also 1986 waren wir schon up to date gewesen, es fehlte kein internationaler Hit in unserem Programm.

Es gab logischerweise auch sehr viel Musik aus der DDR, weil wir ja im Rundfunk die Musik nicht nur befördert, sondern auch mitproduziert haben. Also alles, was Rang und Namen in der DDR Rock- und Popszene hatte, spielte natürlich in unserem Programm eine Rolle. Dabei haben wir einen relativ hohen Anteil von Musik aus den – wie es damals hieß – befreundeten Ländern des Ostblocks gehabt. Das waren vor allem ungarische, polnische und tschechische Bands. Das war eine sehr interessante Musikszene, die dahinterstand und die wir mit *DT64* über die Jahrzehnte mitverfolgt haben. Diese Bands hatten wir auch teilweise in unseren Studios, also teilweise auf Englisch, Deutsch und in ihrer Muttersprache produziert. Dieses Material haben wir natürlich auch gesendet.

Aber alles, was der angloamerikanische Musikmarkt hergab, spielte zu dem Zeitpunkt eigentlich auch bei uns eine Rolle. Wir haben internationale Hitparaden bei uns im Programm gehabt. Daneben gab es nationale Wertungssendungen, die ausschließlich mit DDR-Musik oder Musik aus den östlichen Ländern arbeiteten. Schließlich hatten wir noch eine Sendung im Programm, die hieß *Hitglobus*, mit Korrespondenzen aus London oder aus Los Angeles, in denen die britischen und amerikanischen Charts wiedergespiegelt wurden.

Wir hatten Spezialsendungen wie das oben erwähnte *Rock'n Roll Museum*, die reichten von Jazz über Country bis zu Singer-, Songwriter- und Liedermachersendungen.

Übrigens hatten wir zu dieser Zeit sogar schon eine Sendung, die hieß *Parocktikum* mit Lutz Schramm, in der wir – wie wir es damals nannten – die „Neuen Töner" spielten. Das waren DDR-Underground-Bands, die im Ergebnis der Neuen Deutschen Welle in der Bundesrepublik bzw. Punk und New Wave in England eine Rolle spielten. Das war nicht leicht für uns, eine solche Sendung ins Programm zu bringen. Aber wir hatten sie!

Also man kann eigentlich sagen, dass das Musikprogramm sehr, sehr breit war. Letztlich haben es die Hörer auch mitbestimmt. Es gab auch eine Menge Hörerwunschsendungen. Und da reichte es dann sowieso von Elton John bis Deep Purple – alles, was irgendwie angesagt war.

Und in den monothematischen Sendungen haben wir auch Porträts aller dieser Künstler gemacht. Ich erinnere mich an so herausragende Sendungen wie zum Beispiel die zwei Stunden über Prince, der ja in den 80er-Jahren eine große Rolle gespielt hat. Zu dem Zeitpunkt ist in den DDR-Kinos auch der Film „Sign of the Time" gezeigt worden – so etwas haben wir natürlich auch zum Anlass genommen, um da ein bisschen stärker hinter die Kulissen zu schauen, die Künstler auch ein bisschen ausführlicher vorzustellen. Also was diese Seite angeht – geradezu ohne Tabus.

Frage: Welche Rolle spielte die Regelung, dass mindestens 60 Prozent der Musik aus dem Osten kommen musste und maximal 40 Prozent Westtitel gespielt werden durften?

Wolfgang Martin: Relativ wenig. Die hat natürlich im gesamten DDR-Rundfunk schon eine große Rolle gespielt. Besonders als ich anfing, in den 70er-Jahren, da hat man sehr darauf geachtet. Aber es sind auch viele Tricks angewendet worden, um diese Regelung zu umgehen. Einen kann ich

ullstein bild, 05092427, Klaus Mehner

Westdeutsche Rockstars auf DDR-Tournee. Konzert von Peter Maffay in der Werner-Seelenbinder-Halle, Ost-Berlin, März 1987.

heute zum Beispiel mal verraten: Für das Nachtprogramm von *Stimme der DDR*, das ich am Anfang gemacht habe, gab es eine ganz strikte Vorgabe vom Redaktionsleiter, hier vorzugsweise Musik aus der DDR-Produktion zu spielen. Das betraf die Sendungen, die nachts zwischen zwei und fünf Uhr liefen. Und da hatte man natürlich mit 80 Prozent nationalem Musikanteil eine gute Quote gegen die Verschiebungen, die es dann im Tagesprogramm und besonders bei *DT64* gab. Also ich glaube, es ist unterm Strich immer auf ein Fifty-fifty-Verhältnis herausgekommen, denn es gab ja einerseits die Hitparaden mit ausschließlicher Ostmusik, und dafür eine andere Sendung, die ausschließlich Westmusik hatte. Und dann hat sich das eben Fifty-fifty aufgehoben. Offiziell war diese Regelung vom Gesetzgeber vorgesehen. Sie ist über eine Monatsausrechnung über das gesamte Musikprogramm auch irgendwie hingekommen, aber in der einzelnen Sendeachse spielte das keine Rolle.

Frage: Sie waren auch Musikproduzent für den Rundfunk?

Wolfgang Martin: Also das war in den 70er-Jahren. Diese Produzententätigkeit war schon eine schöne Sache. In der DDR war das ja so: Es gab ein staatliches Schallplattenlabel, nämlich AMIGA, angesiedelt bei VEB Deutsche Schallplatten. Dieses AMIGA-Label hatte faktisch das Monopol über alles, was im Bereich der Tanz- und Unterhaltungsmusik produziert wurde, wozu auch die Rockmusik gehörte. Am Anfang hieß das ja Beatmusik, später Rockmusik. Aber AMIGA war nicht der Hauptproduzent, sondern der Hauptproduzent war der Rundfunk. Also wir verfügten ja in unserem Rundfunkgebäude in der Nalepastraße über hervorragende Musikaufnahmestudios, die für Rockproduktionen, Orchesterproduktionen im Tanzmusikbereich bis hin zu Sinfonischen Produktionen im klassischen Bereich genutzt wurden. Und als das mit der Rockmusik losging, kamen die Produzenten auf die Idee, dass die Redakteure, die mit dieser Musik befasst sind und die einzelnen Rockgruppen kennen, auch in die Produktionstätigkeit mit einbezogen werden könnten. Wir wurden damit so eine Art Koproduzent für den eigentlichen Produzenten. Wir waren an der Auswahl der Titel beteiligt, der Betreuung der Produktionen, bei denen wir im ständigen Kontakt mit den Musikern blieben und auch Hinweise geben konnten bis hin zum Abmischen. Und letztlich lagen dann auch bei uns die inhaltlichen und redaktionellen Entscheidungen, was davon ins Programm gelangte.

Frage: Zurück zur Westmusik im Programm von *DT64*. Wie haben Sie sich die Musik besorgt?

Wolfgang Martin: Das war teilweise sehr kurios, denn da musste man sich eine Menge einfallen lassen. In den 70er-Jahren gab es so gut wie gar keine Valuta-Mittel, das heißt also Westgeld, über das der Rundfunk verfügte, um damit Schallplatten einzukaufen. Was dann in den 80er-Jahren schon passierte. Aber eigentlich ist auch das eine illegale Geschichte gewesen. Die Hauptabteilungsleiter für Musik hatten eingeplantes Geld in D-Mark. Damit fuhren die regelmäßig nach West-Berlin und kauften dann nach einem Bestellzettel, den wir vorher als Redakteure zusammenstellen durften, bestimmte Schallplatten dann ein. Das war aber relativ wenig und hätte nie ausgereicht. Ich weiß nicht, aber es waren nur 100 oder 200 D-Mark. Und dann kann man sich ja ausrechnen, was man dafür pro Monat bekommen hat. Deshalb haben wir sehr viele private Kontakte genutzt. Das ging also bis zur eigenen Großmutter, die beauftragt wurde, irgendwelche Schallplatten von ihren Reisen aus dem Westen mitzubringen. Die sind natürlich von uns wie Goldstaub behandelt worden. Die technisch-organisatorische Verfahrensweise war dann so, dass bis Mitte der 80er-Jahre jeder Titel auf Tonband umgeschnitten werden musste. Damit waren sie dann zunächst mal konserviert und konnten vervielfältigt werden. Danach hat man seine Platte vorsichtig wieder nach Hause getragen, ohne dass dann dem Cover irgendwas geschehen ist.

Ein dritter Weg war: Es gab bei uns eine Abteilung „Internationaler Musikaustausch“. Die korrespondierten mit über einhundert Rundfunkstationen aus aller Welt. Und da, wo Rundfunkpartner uns bestimmte Hits übermittelt haben, konnten die auch offiziell in das Archiv aufgenommen werden.

Frage: Sie erwähnten vorhin die Sendung *Parocktikum*, die sich aus der DDR-Independent-Szene bediente. Wie war es damit?

Wolfgang Martin: Also mit dieser Szene waren wir relativ vorsichtig, muss ich sagen. Das hatte mehrere Gründe: Zum einen war es natürlich nicht besonders erwünscht. Der Weg, um im Rundfunk oder bei AMIGA einen bestimmten Titel produziert zu bekommen, lief ja immer über die sogenannten Lektorate. Das war ein Gremium mit Musikproduzenten, Komponisten und Textern. Da mussten die Bands ihre Titel einreichen. Dann sind die begutachtet und auch ideologisch beäugt worden. Texte und Musiktitel, die nicht genehm waren, hätten dort so gut wie keine Chance gehabt, produziert zu werden. Das hört sich heute ein wenig plakativer an, als es in der Realität gewesen ist, aber deshalb durfte es in der

DDR keine offizielle Independentszene geben. Und das, was Lutz Schramm in seinem *Parocktikum* gesendet hat, waren ja häufig nicht offiziell produzierte Titel, sondern irgendwelche Tapes, welche die Bands uns zugeschickt haben. Und manchmal „mit einem Hühnerauge zugedrückt", manchmal auch „allen beiden", haben wir diese Tapes dann gesendet. Wir haben zwar so schon genug Probleme mit dieser Sendung bekommen, aber im übrigen Programm wäre es noch schwieriger gewesen. Die Sendung ist ja erst Samstagabend ab 22 Uhr, also tief in der Nacht, gelaufen. Aber unter dem Motto: Die Genossen schlafen nie, haben die Medienwächter natürlich auch bestimmte Dinge mitbekommen. Und wenn die ihnen dann zu sehr gegen den Strich gelaufen sind, dann gab es am Montag früh Trara beim Chefredakteur, manchmal auch beim Intendanten. Also dieses Sendeformat ist schon mit großer Skepsis beäugt worden.

Ich kann mich erinnern, dass der Lutz einmal ein Tape von einer Erfurter Band gespielt hat. Und die stand wohl im Bezirk Erfurt auf dem Index. Das ging ja dann immer zur FDJ-Jugendorganisation, aber dann hatte das ja auch weiterreichende Konsequenzen – vom Rat des Bezirkes bis hin zur Stasi-Bezirkszentrale. Ob dort tatsächlich jemand diese Sendung gehört hat, weiß ich nicht, aber dieses Tape auf *DT64* zu senden, war natürlich schon ein schweres Vergehen. Deshalb wurden wir – also Lutz Schramm und ich – an dem bewussten Montagmorgen zum Chef zitiert und mussten da Stellung beziehen, wie diese Kassetten in den Rundfunk gelangt sind und warum wir uns nicht entsprechend informiert haben.

Ich weiß noch, dass es bei dieser Erfurter Band eigentlich kein Problem gewesen wäre, weil die Happymusic beziehungsweise Funpunk gemacht haben. Punk war ja nicht immer oppositionell. Aber da diese Band im Bezirk Erfurt nicht erwünscht war, hätten wir sie auch nicht senden dürfen.

Also wie gesagt – Probleme gab es mit *Parocktikum* schon reichlich. Das ist mit äußerstem Unbehagen und großem Misstrauen verfolgt worden. Die Verantwortung lag eigentlich bei mir als damaligem Redaktionsleiter und auch bei unserem Chefredakteur Walter Barthel. Wir hatten mit Redakteur Lutz Schramm ein Gentlemen Agreement ausgehandelt, dass er absolut verantwortungsbewusst entscheiden sollte, was in die Sendung gelangt. Dafür waren wir schon bereit, die Grenzen so weit wie möglich auszuschreiten. Aber es war nicht so, dass irgendjemand dafür Kopf und Kragen riskiert hätte. Wir haben uns immer wieder gesagt: Mein Gott, es geht ja eigentlich „nur“ um Musik!

Natürlich waren wir nicht naiv. Wir haben schon gewusst, welche Rolle die Rockmusik besonders in der zweiten Hälfte der 80er-Jahre, in diesen komplizierten gesellschaftlichen Zeiten bis zur Wende hin, in der DDR gespielt hat. Wir waren immer der Überzeugung, wenn wir dieser Musik eine Plattform geben, und uns damit auch mit bestimmten negativen Erscheinungen in der DDR auseinandersetzen, was ja auch eine Aufgabe von Rockmusik ist, helfen wir dem Land vielleicht auch. Aber möglicherweise war das dann ja am Ende doch naiv?

Wie John Peel, nur anders

Lutz Schramm, 1959 geboren in Leipzig, war seit 1985 Musikredakteur bei Stimme der DDR. 1986 startete er bei *Jugendradio DT64* seine legendäre Sendereihe *Parocktikum*. Damit bot er – ähnlich wie der berühmte britische Radiomoderator John Peel mit seinen BBC-Sessions in Großbritannien – jungen Bands und Musikern in der DDR die Möglichkeit, erstmals im Rundfunk gespielt zu werden. Ein großer Teil dieser Musiker kam aus der sogenannten Independentszene, die zu Beginn der 80er-Jahre im Gefolge von Punk und New-Wave entstand – eine Szene, die in der DDR offiziell als verboten galt. Lutz Schramms Sendung *Parocktikum* bewegte sich damit auf dem schmalen Grat zwischen Duldung und Verbot.

In folgendem Interview blickt Lutz Schramm auf diese Zeit zurück.

Mein Name ist Lutz Schramm, ich war von 1984 bis 1993 bei verschiedenen Jugendsendern im ostdeutschen Raum Moderator und Musikredakteur. Mehrere Jugendsender – das bedeutet in diesem Fall *DT64* bis 1991, danach *Rockradio B* und *Radio Fritz* beim *ORB*.

Hörfunk – das war für mich vor allem immer mit Rockmusik verbunden. Ich habe eigentlich schon als Kind und Jugendlicher nur Rockmusik gehört, habe immer fleißig mitgeschnitten. *RIAS* und *SFB* haben dabei eine relativ wichtige Rolle gespielt.

Frage: Und *DT64* haben Sie damals nicht gehört?

Lutz Schramm: Dort ist man nicht unbedingt an jede Musik rangekommen oder wurde komplett frei und ungezwungen informiert. Aber es war schon ein Angebot. Es gab ja in der DDR auch Bereiche, wo man Westsender nicht ohne weiteres hören konnte – und da war man schon darauf angewiesen, auch ein Programm zu haben, wo man zumindest Beatmusik – wie das damals hieß – hören konnte.

In der Schule habe ich schon Diskotheken gemacht. Und in dieser Zeit war das einfach auch eine Möglichkeit, legal an Musik zu kommen. Man musste ja einen Schallplattenunterhalterausweis haben. Außerdem durfte man nur bestimmte Musik spielen und all diese Geschichten. Und da war *DT64* die wichtigste Quelle für entsprechende Musik. Also *DT64* war wichtig in einer Zeit, als es in den anderen Programmen des DDR-Rundfunks nur Blasmusik, Trallalla-Hoppsassa-Sendungen und Politverlautbarungsprogramme gegeben hat. Ohne *DT64* wäre glaube ich die Jugend für so manchen DDR-Menschen deutlich trister gewesen.

Damals war das Technische für mich besonders interessant. Wohl auch deshalb war ich am Anfang noch kein Redakteur, sondern Techniker beim Radio. Dort habe ich mich aber relativ schnell für redaktionelle Geschichten interessiert. Und irgendwann hatte ich dann einfach Glück, denn ich konnte meine redaktionelle Laufbahn bei *Stimme der DDR* beginnen – 1984 mit der Beatkiste und Beiträgen für *Hallo – das Jugendjournal*. Und das war dann aber auch die Zeit, als sich *DT64* zum eigenständigen Sender entwickelte. Und in diesem Prozess habe ich meine eigene Sendung bekommen. Die *Beatkiste* war ja eigentlich nur eine Wertungssendung, wo man das gemacht hat, was so von den Hörern kam: Wünsche erfüllen oder die Charts spielen.

Frage: Wie sind Sie auf die Idee zu Ihrer Sendung *Parocktikum* gekommen?

Lutz Schramm: Ich hatte diese Idee bei der Armee, noch lange bevor ich Redakteur wurde. Ich musste ja wie viele andere junge Männer in der DDR anderthalb Jahre zur Armee. Da habe ich immer nur die ganze Zeit Wache geschoben und hatte richtig viel Zeit, mir alle möglichen Sachen auszudenken. Und bei den langen Märschen um das Munitionsdepot, Wache schiebend, habe ich mir sowohl den Namen ausgedacht, und auch, wie so eine Sendung sein könnte. Allerdings habe ich mir nicht ernsthaft vorstellen können, dass ich das tatsächlich mal machen könnte. Die Idee war, eben nicht Musik zu spielen, die nur einen Mainstream-Stil verfolgt, sondern

parocktikum.de

Plattencover „Parocktikum", Amiga-Sampler, 1989.

die ungewöhnlich ist, wo Leute erstmal erschrocken oder irritiert sind, dann aber feststellen: Aha, da steckt ja etwas dahinter, das ganz spannend sein könnte. Zum Beispiel Zappa und ähnliche Sachen sind mir damals durch den Kopf gegangen, oder Reggae, afrikanische Musik und alles mögliche andere. Also, da kommt eigentlich die Grundidee her. Dass die Sendung dann zu dem geworden ist, was sie tatsächlich dann wurde, das bekam noch mal so eine Eigendynamik.

Am Anfang, als die Ideen für das erweitere *DT64-Programm* diskutiert wurden, gab es so eine Sendestrecke jeweils Dienstags von 22 bis 23 Uhr, in der jede Woche

Spezialsendungen gelaufen sind. Und eine dieser Spezialsendungen wurde dann das *Parocktikum*, bei der ich gesagt habe: Da soll Musik laufen, die ungewöhnlich ist, ohne in ein bestimmtes Korsett gezwängt zu sein. Also ich wollte keine Metal- oder Punkshow machen, sondern Sachen spielen, die ich selber so gut finde, dass ich sie unbedingt andern Leuten zeigen wollte. Und wo beim Hören etwas mehr passiert, als dass man nur mit dem Fuß wippt.

Also, die ersten Sendungen waren noch so, wie ich das gerade beschrieben habe. Da waren Zappa und die Doors dabei, auch Reggae war zu hören – aber eben auch mit Hard Pop die erste DDR-Indieband, die schon einen Rundfunkmitschnitt aufzuweisen hatte. Das war eine bunte Mischung. Und wenn man sich zwei Jahre später die Playlisten anguckt, dann ist da schon eine deutliche Richtung zu erkennen – Independent und ähnliche Geschichten. Das lag einfach an der Hörerreaktion. Also, die Leute haben die Sendung gehört und haben geschrieben: Wow – ich hab‘ hier das Radio eingeschaltet, plötzlich lief da ‚Love Like Blood‘ von Killing Joke und ich konnte mir bisher gar nicht vorstellen, dass das bei *DT64* zu hören sein würde. Ich will mehr davon. Und so oder so ähnlich haben viele geschrieben. Das hat mir dann einfach den Drive gegeben: Okay, das ist jetzt das, was mir Spaß macht und was offenbar andern auch Spaß macht.

Das offizielle Archiv konnte man gar nicht verwenden für so eine Sendung. Es gab aber die Praxis in den Jugendredaktionen, dass Musikredakteure sich Platten besorgt haben. Also, es gab ganz wenige, zwei – drei Leute, die in den Westen fahren durften und die Platten dort direkt eingekauft haben oder über Kontakte sich das Gewünschte haben mitbringen lassen. Es gab ja auch Freundschaften von DDR-Musikredakteuren zu Leuten beim *SFB* oder beim *RIAS*. Über diese Quelle ist relativ viel gekommen. Das kam dann auch in die Redaktion. Also, wenn ich irgendeine Idee hatte und versucht habe, an eine bestimmte Musik zu kommen, dann konnte ich auch zu Wolfgang Martin gehen, der damals mein Chef war und sagen: Du kennst den und den, versuche bitte mal die Platte zu besorgen.

Im ersten Jahr war in meiner Sendung relativ wenig Material aus der DDR. Die allererste Band, die ich gespielt habe, war wie gesagt Hard Pop. Von Hard Pop kam auch der Vorspann für die Sendung. Das war ein Zufall, weil von der Band 1985 ein Konzertmitschnitt in der Kongresshalle gemacht wurde, damals initiiert vom Kollegen Jürgen Balitzki. Und diese paar Sachen, die ich aus der DDR spielte, führten dazu, dass andere Bands einfach Mut bekommen haben.

Und dann kamen mit der Post selbstaufgenommene Kassetten. Im ersten Jahr waren das noch gar nicht so viele – ich kann mich an Gefahrenzone und vor allem an AG Geige erinnern.

Frage: Nicht offiziell zugelassene Bands und deren selbstaufgenommenen Tapes – das alles im DDR-Rundfunk zu spielen, war das nicht ein gewagtes Spiel. Was sagte die allmächtige Stasi dazu?

Lutz Schramm: Ich sage mir, Arschloch, wer bei der Stasi war. Die Stasi hat mich zum Glück nicht direkt berührt. Also ich bekam keine von diesen Problemen, die mich hätten in Schwierigkeiten bringen können. Was auf der anderen Seite auch ein Privileg gewesen ist, wie ich im Laufe der Zeit lernen musste.

Die Stasi hat ja im Rundfunk nicht mit den einzelnen Redakteuren geredet, sondern es war dann immer der Chefredakteur oder jemand anderes aus der Chefetage, zu dem man in solchen Fällen zitiert wurde.

Für mich war es immer eine Ermessensentscheidung: Bringe ich Leute in Gefahr mit dem was ich tue? Seltsamerweise ist das wohl wirklich mal passiert, ohne dass ich das damals selber wissen konnte. Also es gab diese Band, die ich im *Parocktikum* gespielt hatte. Und dieses Tape hat mir nicht die Band selbst geschickt, sondern ein Fan. Eine Woche nach der Sendung kam der Chefredakteur zu mir und sagte: Ja, da haben Leute angerufen, die und die Band ist gelaufen, aber die wären im Bezirk Erfurt verboten. Wie ich dazu komme, die zu spielen? Wo kommt das Tape her? Ich hatte mir angewöhnt, immer ehrlich zu sagen, was los ist, nämlich, dass ich dieses Tape zugeschickt bekommen habe und deshalb diese Band spielen konnte – so funktioniert die Sendung. Das wüsste er als Chefredakteur ja auch und ich werde mir kein polizeiliches Führungszeugnis von jemandem holen, der mir ein solches Tape zuschickt. Das habe ich dem so gesagt. Der Chefredakteur hat das im Prinzip auch so hingenommen. Für mich war in diesem Moment aber klar: Aha, in Erfurt hört sich jemand die Sendung an, um zu kontrollieren und da und da anzurufen. Ich will damit sagen: Klar, dieser ganze Stasikram ist schon immer präsent gewesen im Hinterkopf, aber ich habe das dann eher so verdrängt. Aber das war die erste Situation, wo ich wirklich gemerkt habe: Aha, da reden Leute über die Sendung, die eher feindlich sind. Dennoch habe ich einfach nur weitergemacht.

Frage: Was war die Idee zu den *Parocktikum*-Sessions?

Lutz Schramm: Die Idee dahinter war: Ich möchte das auch so machen wie John Peel, ganz einfach. Deshalb hießen sie ja auch *Parocktikum*-Sessions. Das wollte ich gar nicht verdecken. Meine Überlegung war: die Idee ist gut, will ich auch machen!

Am Anfang waren das keine Studioproduktionen, sondern Livemitschnitte. Das begann 1987 mit einem Konzertmitschnitt der Band *Die Anderen* im Kreiskulturhaus Treptow. Das nächste waren dann *Die Art und Zorn* – die haben wir in Leipzig aufgenommen. Das waren drei Livegeschichten, die mir jetzt auf Anhieb einfallen. Und dann etwas später gab es auch die Möglichkeit für Studioproduktionen.

Dass die *Parocktikum*-Sessions live angefangen haben, hatte auch organisatorisch/politische Gründe: Wenn man im DDR-Rundfunk eine Studioproduktion machen wollte, dann musste man, wie bereits vorhin gesagt, vor das sogenannte Lektorat. Das war dann sozusagen der Rat-der-Eure-Texte-gefallen-uns-nicht-Götter. Dort hat man die Texte der Musiker auseinander gefleddert und gesagt: Das dürft ihr, das dürft ihr nicht. Das wollte ich keiner dieser Bands zumuten. Außerdem war das Risiko, am Ende mit leeren Händen dazustehen, viel zu groß.

Frage: Bei einem der *Parocktikum*-Konzerte gab es auch Ausschreitungen mit Neonazis?

Lutz Schramm: Das Konzert, bei dem es auch die Ausschreitungen gab, war kein *Parocktikum*-Konzert. Das hat in einer Kirche stattgefunden, wo die Band *Element of Crime* gespielt hat. Als Skinheads die Kirche stürmten, ist der Name der Band dann plötzlich zum Programm geworden. Also, das war wirklich eine ziemlich finstere Geschichte und zugleich ein Wendepunkt: danach konnte man das Problem, dass es auch in der DDR Neonazis gab, nicht mehr ignorieren. Das hat natürlich in der DDR-Presse überhaupt keine Rolle gespielt. Niemand hat ernsthaft darüber berichtet. Aber einige Bands haben zu dem Zeitpunkt angefangen, kritische Songs zu dem Thema zu machen. Einer davon war ‚Nazis raus‘ von *Papierkrieg*. Als ich den Song spielen wollte, wurde mir in der Redaktion gesagt: ‚Spiel das nicht! Wir haben jetzt gerade die Order bekommen, dass es bei uns in der DDR keine Neonazis gibt‘. Das fand ich dann nicht so toll. Wie gesagt: Es gab nie einen Stasioffizier, der irgendwann auf die Etage kam und sagte: Du darfst jetzt dieses oder jenes nicht mehr machen! Sondern es war immer die Partei, die da gearbeitet hat. Und wenn jemand seinen Job verliert oder nicht mehr moderieren darf, dann hat das eben die Partei entschieden. Und auf der Ebene wurde auch sehr heftig darüber diskutiert.

In diesem Fall hat die Feigheit gesiegt und ich habe den Song ‚Nazis raus‘ nicht gespielt.

Eine Zeitschrift weniger

Wer am Samstag, dem 19. November 1988 die Tageszeitung *Neues Deutschland* – damals noch das Zentralorgan der Sozialistischen Einheitspartei Deutschlands – aufschlug, fand auf Seite zwei links unten eine Meldung der Pressestelle des Ministeriums für Post- und Fernmeldewesen. Darin hieß es, dass es die sowjetische Zeitschrift *Sputnik* ab sofort nicht mehr geben würde – weder im Abonnement noch am Zeitungskiosk. Wenige Tage später lieferte ein Kommentar in der gleichen Tageszeitung die fadenscheinige Begründung, dass in einem Artikel des *Sputnik* behauptet hätte: Stalin wäre der Steigbügelhalter des deutschen Faschismus gewesen.

Nur wenige Exemplare dieser *Sputnik*-Ausgabe gelangten über den Umweg eines West-Berliner Vertriebs in die DDR. Damit blieb den meisten Lesern verwehrt, sich selbst eine Meinung von dem umstrittenen Text zu machen. Zugleich wurde damit noch einmal klargemacht, dass die SED Michael Gorbatschows Perestroika-Kurs ablehnte. Die Losung „Von der Sowjetunion lernen heißt siegen lernen" galt plötzlich nicht mehr. Vielmehr huldigte man im *Neuen Deutschland* vom 19. November 1988 dem selbsternannten „Conducător von Rumänien" Nicolae Ceausescu. Der entsprechende Aufmacher auf Seite 1 war, dass Ceausescu aufgrund besonderer Verdienste für den Sozialismus mit dem Karl-Marx-Orden ausgezeichnet wurde.

In der Redaktion von *DT64* herrschte an diesem Tag ohnmächtige Wut. Seit Wochen verschärfte sich für viele Mitarbeiter ein Dilemma, das alle Medienschaffenden betraf: Während sich die gesellschaftliche Situation in der DDR immer weiter zuspitzte, wurde die kritische Berichterstattung nach wie vor unterdrückt.

Als schließlich das tägliche Nachmittagsmagazin *DT64-direkt* begann, ließ die Anmoderation von Silke Hasselmann alle Mitarbeiter aufhorchen: „Leider haben wir jetzt eine Zeitschrift weniger, um uns zu informieren, aber das ist nur gerecht. Gab es doch auch die letzte Ausgabe schon nicht. Diese ‚Auslieferungsunregelmäßigkeiten' können wir Leser uns nicht leisten."

Die meisten wussten sofort, was gemeint war. Um dennoch alle Missverständnisse auszuschließen, ließ Redakteur Achim Gröschel „Aufruhr in den Augen" der Berliner Band *Pankow* einspielen. Kollege Joachim Dresdner erinnert sich: „Ich muss sagen, als ich die Moderation von Silke Hasselmann hörte, also da ist es mir den Rücken runtergegangen, weil ich wusste, was jetzt passiert. Die beiden werden jetzt in die Chefetage zitiert und müssen sich dort erklären."

Silke Hasselmann, Jahrgang '65, begann 1986 als Journalistin bei *DT64* zu arbeiten. Im folgenden Interview erzählt sie über den Umgang mit sogenannten Tabuthemen in der DDR.

Frage: Was waren Tabuthemen bei *DT64*?

Silke Hasselmann: Tabuthemen – so komisch, wie es klingt, wurden von oben ‚durchgestellt'. Also ich kann mich noch erinnern, dass es immer die sogenannte Dienstagsrunde gab. Also das ging immer im Politbüro der SED los. Und dann in diesem Zentralkomitee der SED, da saßen ja Leute wie der Chef des DDR-Rundfunks genauso des DDR-Fernsehens. Die empfingen dort mehr oder weniger die Anordnungen, die vorher im Politbüro, also im innersten Zirkel der Macht, besprochen wurden. Und wenn da ganz bestimmte Themen als Tabus deklariert wurden, dann haben die das in Empfang genommen und haben es nach unten weitergereicht. Das konnten auch so alberne Geschichten gewesen sein wie: im Moment werden wir Bananen nicht erwähnen und das Wort Tomate ist gerade nicht erwünscht, weil es die nicht zu kaufen gibt. Und das wurde dann an alle möglichen Redaktionen und natürlich auch an die Hörfunkredaktionen weitergereicht. Auch bei *DT64* gab es am Dienstag, natürlich immer zeitlich versetzt, eine entsprechende Sitzung. Da sind all diese sogenannten ‚Argus', also die verordneten Argumentationslinien, mitgeteilt worden. Die galten als verbindlich!

Ich kann mich allerdings erinnern, dass nicht wenige Kollegen bei *DT64* immer wieder den Mund aufgemacht und den Unsinn dieser sogenannten ‚Argus' abgefragt und kritisiert haben, denn in aller Regel traf das Wort Argumentation nicht den Kern dessen, was das eigentlich sein sollte. Denn Argumente, warum wir etwas sagen oder auch nicht sagen dürfen, die wurden natürlich meistens nicht gegeben, aber die konnte man sich an drei Fingern abzählen.

Frage: Eines dieser Tabuthemen war die Neonaziszene in der DDR?

Silke Hasselmann: Also mit diesem Neonazismus hatte ich mich dann auch recht bald beschäftigt. In meinem Heimatort Pasewalk und dem Nachbarort Prenzlau zum Beispiel, da kannte ich ein paar Leute, die solche Probleme hatten. Und da lag es für mich auf der Hand, dies auch mal im Radio zu thematisieren. Deshalb kann ich aus eigener Erfahrung sagen, dass das Thema zunächst mal komplett unterdrückt wurde, weil es damals grundsätzlich hieß: Es gibt überhaupt keinen Neofaschismus in der DDR. Es gibt keine Neonazis. Und auf die Frage: Moment mal, ich sehe sie doch aber, ich spreche doch mit diesen Leuten, da ist doch etwas – da bekamen wir dann so'n Achselzucken von unseren Chefs, die dann so nach dem Motto weiter nach oben verwiesen: ‚Ihr wisst doch, wo's herkommt.' Und da haben wir zum Teil nicht lockergelassen und es dann über andere Schienen versucht. Ich kann mich erinnern, dass wir versucht haben, Texte oder Moderationen zu einem bestimmten Musiktitel so zu formulieren, dass der Hörer, der genauer hinhörte – und das taten viele damals – schon mitkriegten, worum es eigentlich ging. Also das war zumindest ein bisschen unsere Hoffnung. Dieses ‚Zwischen-den-Zeilen-hören' war ja bei uns in der DDR sehr ausgeprägt.

Wann wir dann das Thema Neonazismus richtig thematisieren und wirklich auf Sendung bringen durften, das weiß ich gar nicht mehr ganz genau. Also es war in jedem Fall noch in der DDR-Zeit, nicht etwa in der Wendezeit. Das ist bestimmt in einer dieser ‚Mensch-Du-Sendungen' mal passiert. Das war eine Psychologie-Sendereihe.

Bundesarchiv, Bild 183-1986-0307-017, Gabriele Senft

„Jugendradio DT 64". „Auf-Takt" zur Eröffnung des Senders, Ost-Berlin, März 1986.

Frage: Haben Sie und Ihre Kollegen sich angesichts dieser Situation nicht in einem persönlichen Zwiespalt befunden?

Silke Hasselmann: Auf der einen Seite war es sicherlich so, dass sich viele Kollegen damit abgefunden haben, dass das eine oder andere Tabu eben nicht angekratzt werden durfte. Manche Themen wurden auch als Tabu genommen, ohne dass dies extra angewiesen wurde. Das war dieser vorauseilende Gehorsam, dieses vermeintliche Erspüren dessen, was wahrscheinlich sowieso nicht gehen würde. Für mich war das ein ziemlich prekäres Spannungsfeld. Es ist wahrscheinlich eine menschliche Reaktion, sich auch nicht besonders weit herauszuwagen, wenn es nicht unbedingt sein muss – immer in der Furcht, man würde sowieso etwas auf den Kopf bekommen. Aber es gab auch nicht wenige unter uns, die ganz genau wussten, dass sie nicht angegriffen werden konnten, weil sie schlichtweg zu faul waren, bestimmte Dinge journalistisch anzupacken, rauszugehen, zu erspüren, umzusetzen, zu problematisieren und zur Sendung bringen. Aber wenn man sich Mühe gab, dann gingen manche Dinge eben doch. Es war auch immer abhängig davon, wen man als Chef vom Dienst hatte. Manch einer war recht aufgeschlossen, hatte den kleinen Mut, bestimmte Dinge zu vertreten, und manch einer war so'n Hasenfuß, da brauchte man gar nicht erst anzutreten und zu sagen: Hör mal, ich habe dieses und jenes Thema, lass uns das irgendwie machen. Also dass es auch von solchen Sachen abhing, war nicht gerade erquickend.

Aber man darf in diesem Zusammenhang sicherlich auch nicht unterschlagen, dass dieses Jugendradio, in seiner Musikfarbe und der Art seiner Ansprechhaltung, Livesendungen machen durfte. Das war lange Zeit ein weiteres Tabu beim DDR-Rundfunk, weil man immer Angst hatte, dass jemand über den Sender politisch unliebsam losplaudern konnte. Das war wirklich neu, dass man bei *DT64* sehr viel live machen konnte. Dass so etwas möglich war, hatte sicherlich den Hintergrund, dass man irgendwie ein Ventil zulassen wollte. Damit durften wir nicht zu weit gehen, aber wir konnten die Grenzen in der Tat immer noch ein Stück rausschieben. Und ich muss heute sagen: Spaß gemacht hat's bei *DT64*. Es gab zwar genug Probleme, aber es gab auch andere DDR-Rundfunksender, da hätte ich im Leben nicht arbeiten wollen. Da war das alles viel, viel schlimmer. Aber heute frage ich mich manchmal: Hat man nicht, weil man bei einem scheinbar etwas freieren Sender mitgearbeitet hat, vielleicht doch dazu beigetragen, das Leiden der DDR ein bisschen weiter rauszuschieben? Darüber habe ich lange nachgedacht. Heute sagen mir noch viele ehemalige Hörer: Na ja, bei *DT64* haben sie wenigstens ein bisschen Trost gefunden, fühlten sich besser aufgehoben oder konnten auch der Illusion nachhängen, dass nicht alles so schlimm wäre, dass es vielleicht doch einen Weg gäbe, das System demokratischer zu gestalten. Und da haben vielleicht auch einige Sendungen von *DT64* dazu beigetragen, dass sich so ein hoffnungsvolles Gefühl bei den Hörern entwickeln konnte. Das denke ich schon.

Zwischen 1988 und 1989 gab es übrigens ein Jahr, da habe ich gar nicht für *DT64* gearbeitet, sondern war strafversetzt worden. Da habe ich mir dann mal angucken müssen, wie die Arbeit bei einer Redaktion vonstattengeht, die politisch betrachtet sehr viel härter rangeht, nämlich die Politikredaktion von Stimme der DDR. Dahin war ich versetzt worden.

Frage: Was war der Grund?

Silke Hasselmann: Ja, das war im November 1988. Man sagt heute, es war Erich Honecker persönlich, der den Digest *Sputnik* vom nicht vorhandenen Zeitungsmarkt nehmen ließ. Der Grund: in der Sowjetunion hatte sich zu diesem Zeitpunkt schon so etwas wie Glasnost und Perestrojka durchgesetzt. Das spiegelte sich auch in diesem Digest wieder. Unter anderem hatte man dort mit einer Serie angefangen, in der ging es um das erste Politbüro der KPdSU und deren Mitglieder. Und man verfolgte Ausgabe für Ausgabe, was mit denen passiert ist, wo die abgeblieben sind. Da wurde den Lesern in der DDR, die davon bisher nichts wussten, immer klarer, was sich eigentlich hinter diesem Stalinismus-Begriff verbarg. Ich hatte beim Lesen das Gefühl, dass da eine Zeit beschrieben wurde, in der ja Kräfte wie Walter Ulbricht und vor allem auch Erich Honecker ihre politische Sozialisation erfahren haben. Die waren ja zeitweise in Moskau. Und es konnte Honecker und seinen Kumpanen nicht wirklich passen, dass es nun in der DDR Quellen gab, aus denen sich der normale Bürger informieren konnte, um zu sehen: was ist damals abgelaufen? Das Ganze war zwar nur in Ansätzen, stichwortartig und oberflächlich beschrieben, aber eigentlich zum ersten Mal. Diese Hefte wurden plötzlich herumgereicht, obwohl sie sonst stinklangweilig waren und ich hatte das Gefühl, dass das überhaupt nicht gern gesehen wurde. Letzten Endes kam es dazu, dass der *Sputnik* verboten wurde, er wurde nicht mehr ausgeliefert. Es gab auch eine kurze Zeitungsnotiz. Und an dem Tag, an dem diese kurze Zeitungsnotiz erschienen ist, da fuhr ich gerade mit der Straßenbahn in die Nalepastraße, um eine 6-Stunden-Nachmittagssendung zu moderieren. Und ich wusste noch: also das war so unglaublich, dazu muss man eigentlich was sagen. Ich kann nicht 6 Stunden moderieren und das einfach nicht erwähnen. Und dann habe ich auch ein paar Mal Anspielungen gemacht in der Sendung, hab's unter anderem entsprechend eröffnet. Auch da extra noch ein bisschen verquast, extra noch einen Musiktitel von Pankow eingesetzt. Alles ein bisschen umständlich, denn ich habe mich auch nicht getraut, direkt zu sagen, dass hier eine Zeitschrift verboten wurde. Ich hab's ein bisschen durch die Blume gesagt. Das hat aber letztlich ausgereicht, mir ein Verfahren mit Strafversetzung anzuhängen.

Die Geschäftsleitung hatte mir dann eine Brücke gebaut und mir nahegelegt: ich möge doch dann sagen, dass meine Moderation mehr oder weniger spontan war und ich nicht gewusst habe, was ich da sage – so ungefähr. Und ich gebe zu, dass ich im ersten Moment auch darüber nachgedacht habe, ob ich das so darstellen will. Aber je mehr die Genossen aus der Chefetage Druck auf mich ausgeübt haben, um so unmöglicher die Situation wurde, desto mehr habe ich gedacht: Nee, das kannst'e jetzt nicht bringen! Das stimmt einfach nicht! Erstens hab' ich mir ja etwas überlegt dabei. Und ich mache mich dann auch nicht wirklich kleiner. Das hatte jetzt gar nicht so viel mit Mut oder „Jetzt-ziehe-ich-mal-was-durch" zu tun, sondern das war vor allem auch Stolz. Also ich wollte mir nicht nachsagen lassen, dass ich nicht wisse, was ich da tue. Deshalb dann habe ich in den entscheidenden Gesprächen klargemacht, dass das eine genau überlegte Handlung war. Vor allem, dass ich das in derselben Situation noch mal so tun würde. Und das war etwas, worüber die Chefs dann nicht so richtig hinwegkamen. Ansonsten hätte ich sogar mit einer Abmahnung bei *DT64* bleiben können.

Frage: Wie haben Ihre Kollegen reagiert?

Silke Hasselmann: Also an besondere Hilfe kann ich mich nicht erinnern. Ich weiß nur, dass ich für ein paar Tage beurlaubt worden bin. Damit hatte man ja in der Chefetage erstmal Zeit, sich die Mitschnitte abzuhören, um sich überhaupt ein Bild zu machen, was ich wirklich gesagt habe. Denn von meinen Kollegen hat es keiner original gehört, sondern irgendjemand anders, und der hat dann eine Anzeige erstattet. Also ich kann mich nur an eins, zwei Kollegen aus der Abendredaktion erinnern, die zu mir standen. Der eine hat zum Beispiel versucht, mir einen Professor zu vermitteln, der sich mit dem DDR-Recht auskannte, um herauszufinden, ob die mir überhaupt was anhängen können. Wie gesagt, ein paar Leute standen zu mir, aber die allermeisten nicht.

Ich kann mich nur an Schweigen erinnern. Also das ist so meine Haupterinnerung. Der stumme Vorwurf lautete: sowas könne man doch nicht machen, damit bringe man ja den ganzen Sender in Gefahr, wenn man so nach vorne prescht. Und später allerdings, als ich dann wieder rehabilitiert war und zum Jugendradio zurückkehren durfte, da gab es auch zwei Kollegen, die sich unaufgefordert bei mir dafür entschuldigten, dass sie geschwiegen haben, dass sie mir nicht zur Seite gesprungen sind. Das fand ich hochanständig. Nicht, weil es meiner Eitelkeit geschmeichelt hätte – dies sogar auch ein bisschen – aber weil sich da wirklich einige meiner Kollegen Gedanken gemacht haben und nicht so wie die Wendehälse agierten.

Toll, das ist Demokratie, kämpft für uns!

Bericht an das Ministerium für Staatssicherheit, 08.04.1987: „Bei einer Diskussion zwischen der Redakteurin von *DT64* und unsere Quelle brachte diese zum Ausdruck, dass sowieso alle Jugendlichen nur *Rias II* hören und die von Ihnen gestalteten Sendungen sich kaum jemand anhört. Sie selber würde ihre eigene Sendung auch nicht hören. Ein Grund dafür ist, dass die Redakteure auf die Gestaltung der Sendungen keinen Einfluss haben. Über was berichtet werden soll und wie die Berichterstattung zu erfolgen hat wird von ‚oben' festgelegt.

Der Kraftfahrer des Ü-Wagens äußerte sich ebenfalls negativ über die Sendungen von *DT64*. Wörtlich sagte er: ‚Die Scheiße von uns hört sich doch sowieso keiner an, nicht mal die Redakteure.'

Dietmar Ringel, geboren 1958, kam 1986 als Redakteur zum *Jugendradio DT64*. Er erinnert sich an die Endzeitstimmung, die in der zweiten Hälfte der 80er-Jahre vorherrschte: „Das wichtigste Tabuthema war der Sozialismus in der DDR, die führende Rolle der SED und der Partei- und Staatsführung steht nicht zur Debatte. Das war aber so in uns allen drin, dass das überhaupt niemand in Frage gestellt hätte. Ich kann dann im Grunde auch nur für mich selber sprechen: Ich wollte die DDR nicht stürzen, ich bin da groß geworden, ich bin so erzogen worden. Und nach meinem Kenntnisstand, was ich gefühlt und erlebt hatte bis dahin, das sprach für mich nicht dafür, dass ich die DDR nicht beseitigen wollte. Aber mich hat vieles gestört, ich hätte vieles geändert. Aber das durften wir im Programm nicht ansprechen. Auch nicht den Umstand, warum im Sommer 1989 viele das Land verließen, einfach weg waren über Ungarn."

Im Sommer 1989 wurde Dietmar Ringel zur Parteihochschule delegiert. Als er vier Monate später in die Redaktion zurückkehrte, hatte sich das ganze Land verändert: „Als ich zurückkam, gab es – wie damals üblich – die sogenannten Runden Tische, also öffentliche Diskussionsforen. Die Kollegen haben gesagt, dass sie nicht mehr so weitermachen wollen. Auf den Fluren wurde locker diskutiert. Also das war eine völlig neue Situation.“

Kurz zuvor, am 16. Oktober 1989 berichteten *DT64-Reporter* erstmals von einer Leipziger Montagsdemonstration. Einen Tag später ging die Reportage auf Sendung. Es war zugleich auch die erste Reportage, die überhaupt in den DDR-Medien gesendet wurde, zum Teil mit den Stimmen von Demonstranten, die voller Wut, aber auch ein bisschen Hoffnung waren: „Ich bin hier, damit sich etwas ändert! Ich will ja den Sozialismus, aber nicht so! Fragen Sie in Ihren Sender doch mal, warum so viele Leute abhauen!“

Eine Frau, die aus Berlin angereist war, sagte den Reportern: „Ich bin Christin. Und so erziehe ich meine Kinder. In der Schule aber lernen meine Kinder genau das Gegenteil. Verstehen Sie, die leben in einem ganz schlimmen Spannungsfeld.“ Und ein anderer fügte hinzu: „Hier erleben Sie den Monolog des Volkes. Daraus muss ein Dialog mit den Mächtigen werden!“

Teile der *DT64-Reportage* wurden in den nächsten Tagen auch von verschiedenen Tageszeitungen aufgegriffen, zunächst noch zögernd, relativierend. Am 18. Oktober 1989 musste Staatschef Erich Honecker auf Drängen des Politbüros gehen, einen Tag später folgte die Entlassung Joachim Herrmanns, Leiter der Abteilung Agitation und Propaganda.

DT64 tat sich in diesen Tagen noch schwer mit einer eigenen Position. Als Bürgerrechtlerin Bärbel Bohley am 18. Oktober in der *DT64-Gaststube* mit der Forderung: „Stasi in die Produktion“ zu hören war, versuchte der Moderator immer wieder abzuwiegeln: „Hat die Stasi nicht auch ihre guten und nützlichen Seiten?“

Doch während *DT64* versuchte, die gesellschaftlichen Unruhen im Land endlich abzubilden und zu hinterfragen, ging das gewohnte Programm der anderen DDR-Rundfunksender weiterhin seinen gewohnten sozialistischen Gang.

Am 8. November 1989 erklärten über einhundert *DT64-Mitarbeiter* ihrer bisherigen Chefredaktion das Misstrauen. Anstelle der damit abgewählten Intendantin Marianne

Hoebbel sollte Dietmar Ringel das Amt übernehmen: „Obwohl ich mich nie selber ins Gespräch gebracht habe, stand mein Name auch mit auf so einem Papier. Und so nahmen die Dinge dann ihren Lauf.

Ich weiß noch, dass ich zunächst erst mal gesagt habe: Das ist ein Witz! Ich war zu dem Zeitpunkt Redakteur und habe meine Arbeit gerne gemacht. Aber um einen Sender von über 200 Mitarbeitern zu führen, in einer Zeit, in der sich die gesamten Bedingungen kolossal verändern – also diese Verantwortung zu übernehmen, da habe ich gesagt: Das werde ich überhaupt nicht in die Reihe kriegen!

Aber es stand die Frage: Wer kann das machen? Wir alle hatten ja nicht diese Erfahrung! Und wir mussten natürlich das Vertrauen der Mannschaft haben, denn die Kollegen hätten sowieso niemanden an der Spitze akzeptiert, den die alte Intendantin dort einfach hinsetzt. Also war es dann so, dass ich mit drei oder vier Leuten zur Debatte stand.

Die alte Intendantin kam mit zur Belegschaftsversammlung. Wir gingen dahin und die ganze Belegschaft saß dort. Und dann wurde diese neue Führungstruppe vorgeschlagen. Wir kriegten Fragen aus der Redaktion, dann standen einige Leute auf und sagten ihre Meinung. Am Ende wurde gewählt. Und ich glaube, es gab ein paar Enthaltungen, ansonsten – vielleicht 90 Prozent der Kollegen – haben zugestimmt. Und damit war ich Intendant."

In der Nacht darauf fiel die Berliner Mauer. Als der neue Tag begann, meldete sich die Sendung *DT64 Morgenrock* nicht wie gewohnt aus dem Funkhaus in Ost-Berlin, sondern live vom Kurfürstendamm.

Wenig später trat das Staatliche Rundfunkkomitee zu einer Sitzung zusammen, bei der eine Erklärung mit folgenden Schwerpunkten verfasst wurde: „Das Vertrauen der Mitarbeiter des Rundfunks in die Institution Komitee ist nicht mehr gegeben... In seiner gegenwärtigen Struktur hat sie sich historisch überlebt. Heute geht es um effektivere Leitungsstrukturen. Wir schlagen deshalb vor, das Staatliche Komitee für Rundfunk als Ganzes abzuberufen. Wir bitten den Ministerrat, über diesen Vorschlag bald zu entscheiden." Damit war das Rundfunkkomitee als Verwaltungsorgan, das bisher den Rundfunk kontrolliert hatte, in Selbstauflösung begriffen.

Am darauffolgenden Sonntag strömten nicht endend wollende Besuchermassen zum Gelände unter dem West-Berliner Funkturm. Auch die Jugendradio-Reporter waren dorthin unterwegs. Zehntausende feierten an diesem Tag das erste deutsch-deutsche Rock-Happening mit den Toten Hosen, Udo Lindenberg, Nina Hagen, Wolfgang Niedeckens BAP, André Herzberg, Angelika Weiz und Tamara Danz von Silly.

Als der Regierende Bürgermeister von Berlin, Walter Momper, mit seiner Ansprache begann, raste die Menge: „Ich sage manchem, passt mal auf, wenn das mit der Demokratiebewegung in der DDR so weitergeht, wenn dort erstmals ein Volk die Demokratie und die Freiheit in großer Disziplin auf der Straße erobert, dann werden wir, die wir die Demokratie von den Befreiern geschenkt bekommen haben, von Euch in der DDR noch einiges lernen können. Einige hier bei uns, denen das verdammt gut geht, werden das nicht so gerne hören, dass man auch mal von der DDR was lernen kann. Aber die werden das noch lernen, dass es doch etwas zu lernen gibt."

Dagegen klangen andere Stimmen, die die *DT64-Reporter* einfingen, etwas zurückhaltender. Sängerin Ulla Meinecke fand es zum Beispiel ziemlich widerlich, „dass das, was die DDR-Leute erreicht haben, jetzt benutzt wird zu irgendwelchen großdeutschen Tönen." Und BAP-Sänger Wolfgang Niedecken fügte hinzu: „Ich bin keiner, der beim Feiern an den Kater denkt. Aber ich bin vorsichtig. Das Kanzlergerede von der Einheit... Damit fällt man den Leuten in der DDR voll in den Rücken, die den Sozialismus jetzt aufbauen wollen, wie er zu laufen hat. Die Ziele jetzt in der DDR sind größer als Shopping in West-Berlin. Aber das jedem Westler klarzumachen, ist schon fast impertinent, wenn dir hier in der Halle jemand in die Arme fällt und sagt – Mensch Wolfgang..."

Wenige Tage später durfte Silke Hasselmann in die *DT64-Redaktion* zurückkehren: „Ich kam zu einer Zeit zurück, da war bei *DT64* sehr viel passiert. Das war im November 1989. Was die Truppe selbst betraf, war inzwischen die alte Intendantin Marianne Höbbel abgesetzt und aus dem Kreise der

Kollegen Dietmar Ringel gewählt worden. Der war schon im Amt, als ich dahin kam. Innerhalb des DDR-Rundfunks war *DT64* der erste Sender, der anfing Basisdemokratie zu üben und vor allem auch auszuüben. Das hat sich mit dieser Wahl eines neuen Intendanten manifestiert und zog sich danach durch alle Abteilungen und Hierarchien. Kein alter Redaktionsleiter war sich seines Postens mehr sicher. Dabei hat man immer ganz genau geguckt, ob jemand kompetent ist oder nicht. War jemand ein Arschloch oder nicht. Die Frage, ob jemand bei der Stasi war oder nicht, ist dann erst später zur Sprache gekommen. Das war noch nicht das Thema, sondern es ging erst mal darum, das Programm weiterhin zu sichern. Damit hatten wir alle Hände voll zu tun.

Ich kam vor allem in eine aufgeregte Arbeitsatmosphäre. Wir konnten endlich machen, was wir schon immer vorhatten. Im Übrigen hat sich jetzt herausgestellt, wer tatsächlich schon immer mal was Richtiges machen wollte. Wer das vorher schon nicht vorhatte, der blieb auch jetzt zu Hause. Aber die anderen sind dann tatsächlich raus, haben recherchiert und Dinge aufgedeckt oder sind im Strudel der Zeit dann unterwegs gewesen. Und parallel dazu hat der Sender versucht, sich aus sich selbst heraus zu reformieren."

Auch für den gesamten DDR-Rundfunk nahmen die Dinge immer schneller ihren Lauf. Jahrzehntelang gewachsene Strukturen gerieten immer schneller ins Rutschen.

Am 20. Dezember 1989 trat zum ersten Mal eine Medienkommission zusammen, in der alle gesellschaftlich relevanten Kräfte in der DDR gleichberechtigt vertreten waren. Mit der Ausarbeitung gesetzlicher Regelungen für Meinungs- und Pressefreiheit sollte der Instrumentalisierung der Massenmedien endgültig ein Ende bereitet werden. Nicht einmal drei Wochen später legte die Kommission einen entsprechenden Entwurf vor. Am 5. Februar 1990 wurde von der Volkskammer der „Beschluss über die Gewährleistung der Meinungs-, Informations- und Medienfreiheit" beschlossen.

Inzwischen stand Dietmar Ringel, der neue *DT64-Intendant* vor unvermuteten Aufgaben: „Wir haben zu dem Zeitpunkt täglich 20 Stunden gesendet – also von morgens 4 Uhr bis Mitternacht. Aber dazwischen hatten wir noch 4 Stunden Sendepause. Wir haben noch mal alles auf den Prüfstand gestellt, ein paar Veränderungen vorgenommen, die vorher ganz basisdemokratisch diskutiert wurden – also das hat uns sehr viel Kraft und Zeit gekostet – und ich denke, dass am Ende was Gutes dabei rausgekommen ist. Am 1. 4. 1990 gingen wir jedenfalls mit einem 24-Stunden-Vollprogramm ans Netzt. Neue Sendungen im Programm waren zum Beispiel das Schülermagazin *Lockruf*, die Frauensendung *Lila Stunde* und das Nachtmagazin *Schlafstörung*.

Nach der Wende konnte man alle Wahrheiten aussprechen. Dann haben wir abends Streitgespräche geführt. Also alle, die in der Wendezeit in die Politik vorgedrungen sind, kamen als Studiogäste. Ich weiß noch, darunter waren Wolfgang Thierse, Ibrahim Böhme und sogar Hans Modrow, der gerade Ministerpräsident geworden war. Das wäre vor der Wende völlig undenkbar gewesen, dass man sich den Ministerpräsidenten ins Studio holt. Kurz zuvor war ich in der Volkskammer als Reporter gewesen, habe dann persönlich Modrow den Zettel mit unserer Anfrage gegeben. Zwei Tage später bekamen wir einen Anruf: Wann wäre es denn recht? Und schon saß der Ministerpräsident da und antwortete live auf die Fragen der Hörer. Das war schon toll.

Dann haben wir Diskussionsrunden der verschiedensten Art gehabt. Zum Beispiel ein Tabuthema war früher der Knast in der DDR gewesen. Und dann hatten wir plötzlich die Frage: Wie ist es denn in den DDR-Knästen?

Oder ich weiß noch, dass sich die Dinge in der untergehenden DDR dann überschlugen. Zum Beispiel mit Wandlitz: Wer schleppt da aus Wandlitz was raus? Dann die Aktenvernichtung in der Stasizentrale. Und da waren natürlich immer Kollegen von uns dabei. Dazu gab es dann auch Dokumentationen – zum Beispiel von Jörg Wagner oder Lutz Deckwerth. Beides waren Kollegen, die im investigativen Bereich sehr viel gemacht haben."

Auch für Musikredakteur Wolfgang Martin eröffneten sich lang ersehnte Möglichkeiten: „In der Musik war es einfach so: wir haben als erstes vor allem die DDR-Künstler und Bands aus den Archiven herausgeholt, die immer dann verboten wurden, wenn sie die Seite gewechselt haben. Das war ja so ein klassisches Prozedere: Immer, wenn ein Künstler die DDR verlassen hat, das ging ja seit der Biermann-Ausbürgerung, ziemlich regelmäßig – dann durfte er nicht mehr gespielt werden. Das ging mit Nina Hagen so, mit Veronika Fischer, Holger Biege, Angelika Mann und anderen. Die Gruppe Renft war seit den 70ern sowieso verboten – und, und, und.

Für uns in den Musikredaktionen bedeutete es, dass wir die kompletten Dateien ihrer Musik herausnehmen mussten. Die Titel durften also nicht mehr gespielt werden. Solche Eingriffe in die Musikpolitik waren schon ziemlich herb. Und jetzt konnten wir die alle wieder spielen. Ich kann mich noch an diesen unglaublichen Augenblick erinnern, als wir die erste

Bundesarchiv, Bild 183-1987-0717-413, Thomas Uhlemann

Tamara Danz, Sängerin der Rockgruppe „Silly“, 1987.

Biermann-Platte Ende Oktober/Anfang November wieder ins Programm genommen hatten. Oder Nina Hagen mit ihrem ‚Farbfilm', der ja ein Riesenhit in der DDR war. Die Platten von Renft. Das führte fast schon dazu, dass sich die Bands, die im Osten geblieben sind, darüber beklagten, nicht mehr gespielt zu werden. Ich kann mich an ein Gespräch mit Tamara Danz von Gruppe Silly erinnern, die mir damals sagte: ‚Mensch, ihr könnt doch nicht völlig vergessen, welche Rolle wir hier eigentlich in der Wendezeit gespielt haben. Deshalb müsst ihr doch unsere Songs auch wieder spielen, und nicht nur die Titel von denen, die damals weggegangen sind.'

Übrigens haben wir auch mal eine Sendung dazu gemacht, was gewesen wäre, wenn plötzlich alle Künstler die DDR verlassen hätten. Damals ist ja nicht jeder aus hehren politischen Motiven in den Westen gegangen, sondern es waren auch ganz profane persönliche Gründe. Und solche Themen sind bei uns damals natürlich ganz besonders hochgekocht."

Inzwischen stand Intendant Dietmar Ringel vor einem ungeahnten Problem: „...dass ich mich um die Existenz des Senders zu kümmern hatte. Denn die Frage stand: Wenn wir jetzt schnurstracks in die deutsche Einheit marschieren, wird es keinen DDR-Rundfunk und auch kein Jugendprogramm, das DDR-weit sendet, geben. Es wird nach dem ARD-Modell Landesrundfunkanstalten geben. Haben wir eine Chance, dort irgendwo einzugehen? Wenn nicht, welche Chancen haben wir sonst? Vielleicht eine Privatisierung? Und dann habe ich mich monatelang im Grund nur damit befassen müssen."

Am 1. September 1990 wurde Dietmar Ringel als Intendant abgelöst. Der Grund: Im August 1990 hatte die neue DDR-Regierung unter Lothar de Maiziére den Journalisten Christoph Singelnstein zum Geschäftsführenden Intendanten des Rundfunks der DDR ernannt. Mit Michael Schiewack sollte es von jetzt an nur noch den Posten des Chefredakteurs an der Spitze des Senders geben.

Wenige Tage später, am 7. September 1990, kam es plötzlich zu einer heiklen Situation, an die sich Dietmar Ringel noch gut erinnert: „Es gab zwar ein paar Stunden vorher Gerüchte, dass man uns abschalten wollte. Aber dann passierte das tatsächlich. Das war ein Coup, den der damalige Chef des DDR-Rundfunks Christoph Singelnstein mit *RIAS*-Intendant Helmut Rück eingefädelt hatte. *DT64* wurde plötzlich bis auf die Frequenzen in Berlin und Brandenburg abgeschaltet. Anstatt dessen wurde *RIAS* 1 aufgeschaltet. Das Ganze passierte urplötzlich ohne Ankündigung und da waren nur ganz wenige Leute aus der Technik eingeweiht. Die Belegschaft von *DT64* selber wusste nichts davon. Und deshalb sind die Hörer draußen im Land dann rebellisch geworden, weil man in Dresden zum Beispiel – wo wir generell sehr viele Hörer hatten – plötzlich *RIAS* 1 hörte. Die Leute, die für diesen Coup verantwortlich waren, hatten sich auch nicht überlegt, dass sie vielleicht besser hätten *RIAS* 2 aufschalten sollen, denn die spielten immerhin Rock- und Popmusik. Aber *RIAS* 1 spielte viel Klassik, Wort und war ein bisschen altertümliches Programm. Das wollten die Hörer nun überhaupt nicht haben.

Ich war ja gerade abgesetzt worden und damit auch nicht mehr in irgendwelchen internen Runden drin, sodass ich das Ganze plötzlich nur noch als Außenstehender miterlebte. Zu meinem Entsetzen gab es im Sender einige Kollegen, die plötzlich diese Aktion auch noch unterstützten und meinten, dass diese Abschaltung doch was ganz Gutes sei. Christoph Singelnstein hat das bis heute auch so interpretiert. Er sagte als Rechtfertigung im Nachhinein: Wir wollten den Sender retten, denn er war Ostdeutschlandweit nicht zu halten, auch nicht als bundesweiter Sender. Also wollten wir uns auf Berlin/Brandenburg zurückziehen, weil es hier eine ARD-Anstalt geben sollte, in die das Jugendradio dann hätte eingehen können. Und so wären wenigstens Teile des Programms, Teile der Belegschaft zu retten gewesen. Das war seine Argumentation. Für uns war das natürlich Verrat, weil wir gesagt haben: Wir wollen hier nicht so ein kleines Miniradio haben, sondern wir wollen dafür kämpfen, dass die Leute uns auch weiterhin zum Beispiel in Dresden oder in Mecklenburg-Vorpommern hören können, wo wir eine große Anhängerschaft hatten. Das war vielleicht blauäugig aus heutiger Sicht, aber zumindest ehrlich.

Die Leute sind ja dann für den Erhalt von *DT64* auf die Straße gegangen. In Dresden zählte die Polizei etwa Zehntausend. Und in dieser Situation gab es ein paar Kollegen unter uns, die nach außen hin die Hörer noch weiter anfeuerten: ‚Toll, das ist Demokratie, kämpft für uns!' Aber nach innen sagten sie: ‚Leute, eigentlich ist diese Abschaltung doch ganz gut. Wir sollten uns auf diese kleine Variante beschränken, damit könnten wir ganz gut fahren.' Das fand ich wirklich mies! Da war ich auch ziemlich paralysiert, muss ich sagen. Man muss sich das mal vorstellen: Vorm Ministerrat saßen Leute und haben Hungerstreik für den Erhalt von *DT64* gemacht, andere haben Straßen blockiert, und im Sender selbst wartete man im Grunde genommen ab, wie die Dinge sich entwickeln!"

24 Stunden später musste die Abschaltung zurückgenommen werden. *DT64* sendete wieder auf allen Frequenzen. Doch der Kampf um die Erhaltung des Jugendradios war damit nicht etwa schon beendet, sondern sollte erst noch beginnen.

Bundesarchiv, Bild 183-1990-0908-015, Peer Grimm

Protest gegen die kurzfristige Abschaltung landesweiter Sendefrequenzen von Jugendradio DT 64, 1990.

Dieses Programm hat einen Sympathieeffekt

Mit der *RIAS*-Affäre – vier Wochen vor dem Vollzug der Deutschen Einheit – war *DT64* zum bekanntesten Sender Deutschlands geworden. Die Presse überbot sich in hämischen Schlagzeilen wie „High noon im Äther" (Neue Zeit, 11.9.1990), „Äther-Piraten am Werk" (Tribüne 10.9.1990) „Singelnsteins Piratenstück" (Der Morgen, 10.9.1990) oder „Skandal: *DT64* von *Rias* gekillt", Junge Welt, 8.9.1990).

Wenige Tage später verkündete Intendant Christoph Singelnstein in Sachen Jugendradio: „Der Sender will sich als überregionales, öffentlich-rechtliches Programm behaupten. Mit Konsequenz sucht der Sender gleichzeitig nach Wegen, sich auf privater Basis neu zu formieren."

In einer zeitgleich von der *DT64-Redaktion* verbreiteten Presseerklärung hieß es zudem: „Sind die politischen Mandatsträger bereit, dem Jugendkanal ... eine Chance im öffentlich-rechtlichen System und überregional einzuräumen? Sollte sich in dieser von uns gewünschten Richtung wie bisher über verbindliches Wohlwollen nichts bewegen, müssen wir privat werden."

Tatsächlich hatte man mit dem in Hannover ansässigen Privatsender Radio ffn einen potentiellen Kandidaten gefunden, der bereit war, das Programm unter seinem Dach weiterzuführen. Dafür sollte eine Anbietergemeinschaft gegründet werden, bei der 25 Prozent von Radio ffn gehalten worden wären, 25 Prozent von UFA Bertelsmann und 40 Prozent von mittelständischen Verlegern aus dem Raum Berlin/Brandenburg sowie Sachsen-Anhalt. Die verbleibenden 10 Prozent sollten der Belegschaft des Senders vorbehalten bleiben. Doch diese Bemühungen blieben vergeblich.

Am 15. Oktober 1990 wurde Rudolf Mühlfenzl zum Rundfunkbeauftragten der neuen Bundesländer berufen. Mühlfenzl hatte seine Karriere als Redakteur beim Bayrischen Rundfunk begonnen. In den 80er-Jahren wurde er schließlich zum Präsidenten der Bayrischen Landezentrale für Neue Medien ernannt. Mühlfenzl war zu diesem Zeitpunkt bereits pensioniert, galt aber in der Politik als Wunschkandidat für das Amt des Rundfunkbeauftragten. Sein Auftrag lautete, die neuen Bundesländer „mit Rundfunk nach den allgemeinen Grundsätzen der öffentlich-rechtlichen Anstalten zu versorgen, die Einrichtung – bestehend aus dem Deutschen Fernsehfunk und dem Hörfunk, die sich seit dem 2. Oktober 1990 Funkhaus Berlin nannte, bis spätestens 21. Dezember 1991 weiterzuführen und sie in öffentlich-rechtliche Anstalten zu überführen oder aufzulösen“.

Rudolf Mühlfenzl ließ keinen Zweifel daran, dass er die alten DDR-Rundfunkstrukturen restlos zerschlagen wollte. Am 15. Dezember 1990 vergab er deshalb die Frequenzen des ersten Fernsehprogramms an die ARD und reduzierte dessen Angebot auf eine einzige Frequenz. Sie erhielt den neuen Namen *DFF Länderkette*. Das kam bereits einer Teilauflösung gleich. Der „schwarze Abwickler, aus dem schlimmen Süden“, wie er auch genannt wurde, hatte jedoch zu *DT64* eine eigentümlich-wohlwollende Beziehung. Mühlfenzls markiger Spruch „Das Programm hat einen Sympathie-Effekt. Ganz ohne Frage“ wurde kurz darauf für einen der kuriosesten *DT64-Werbejingles* verwendet, der je über den Sender lief.

Überhaupt – nach der zeitweisen Abschaltung von *DT64* kam die Öffentlichkeitsarbeit für die Erhaltung des bedrohten Senders voll in Fahrt. So bemühte sich die Redaktion um Kontakte mit Politikern, darunter den späteren Ministerpräsidenten von Sachsen, Kurt Biedenkopf, und von Brandenburg, Manfred Stolpe. Damit sollte das Bewusstsein der politischen Entscheidungsträger für den Wunsch vieler Jugendlicher nach einer Weiterführung des Jugendradios geschärft werden.

Daneben gab es Kontakte mit dem damaligen ARD-Vorsitzenden Hartwig Kelm, um einen nochmaligen Anlauf im öffentlich-rechtlichen Sektor zu ermöglichen, aber auch weitere Gespräche mit privaten Anbietern. „Wir redeten mit jedem, der uns sprechen wollte“, erinnerte sich später *DT64-Redakteur* Roland Schneider. Doch sämtliche Bemühungen schienen auf der Stelle zu treten. Wohl auch deshalb probte *DT64* am 13. September 1991 den Ernstfall einer endgültigen Abschaltung und spielte 12 Stunden lang Piratenradio. Dabei simulierte *DT64* den geplanten Tag der Abschaltung am 31. Dezember 1991 mit einer angeblichen Live-Aktion aus dem Übertragungswagen, der von den Technikern der Deutschen Post verfolgt wurde. Das in Wahrheit vorproduzierte Stück galt damals als längstes Hörspiel der Welt.

Am 16. Oktober 1991 äußerte sich Rockstar David Bowie im *DT64-Studio*: „Ich bin befremdet über die bevorstehende Abschaltung dieser einzigartigen deutschen Radiostation." Zeitgleich demonstrierten wieder Tausende von jungen Hörern unter anderem in Altenburg, Leipzig, Schwerin, Potsdam und Dresden für den Erhalt ihres Senders. Allein am 16. November 1991 wurden in Dresden 10.000 Teilnehmer gezählt.

Am 12. Dezember 1991 kam es schließlich zu einer Bundestagsdebatte mit Entschließungsanträgen von SPD, Bündnis 90/GRÜNE und Linke Liste/PDS für den Erhalt von *Jugendradio DT64*. FDP-Mitglied Heinz Hübner sagte dazu: „Wenn ich von Identitätskrisen spreche, denke ich an die untauglichen Versuchen, der Mehrheit der Jugendlichen Identität zu nehmen, indem man ihnen Instrumente verweigern will, mit denen sie besonders seit der Wende in der DDR eng verbunden sind. Ich denke hierbei besonders an das Vorhaben, den Jugendsender *DT64* zum Schweigen zu bringen. Dabei kann es nicht angehen, dass man dem Sender *DT64* seine Vergangenheit vorhält. Genauso wenig wie man allen gelernten DDR-Bürgern nun pauschal ihre Vergangenheit vorwerfen kann und darf. Das ist intolerant und nicht liberal." Dennoch wurden die Anträge abgelehnt.

Am Rande der Debatte äußerten sich jedoch verschiedene Mitglieder der SPD-Fraktion mit dem Vorschlag, den Sender für das Land Brandenburg weiterzuführen, wenn sich ein zweites Bundesland anschließen würde. Hanna Wolf, die damalige medienpolitische Sprecherin der SPD-Fraktion, sagte dazu in der Sendung *DT64-Rasch Hour*: „Vielleicht ist in Mecklenburg-Vorpommern die Regierung doch etwas nachdenklicher, also ich denke, das ist nicht einfach so billig gesagt, wir machen, wenn die anderen auch. Ich glaub, das erhöht einfach auch den Druck auf die anderen Länder, sich hier nicht auszuklinken. Wir können nur erstmal über diesen Weg hier versuchen, ein bisschen mal anzustoßen. Ob's gelingt, werden wir sehen."

Doch im hohen Norden blieb man hart. Am 31. Dezember 1991 um 23.59 Uhr musste sich *DT64* von seinen Hörern in Mecklenburg-Vorpommern verabschieden, da der Norddeutsche Rundfunk – nun als Landesrundfunkanstalt für dieses Gebiet zuständig – nicht zu einer weiteren Abstrahlung bereit war. Eigentlich hätte dies zugleich auch das Ende für die gesamte weitere Ausstrahlung von *DT64* bedeuten müssen. Doch dazu sollte es – buchstäblich im letzten Moment – nicht kommen.

Von DT64 zu MDR Sputnik

„*MDR* bereit zu einer befristeten Übernahme von *DT64*“. Die Meldung der Nachrichtenagentur ADN vom 12. Dezember 1991 machte Hoffnung: Sollte es doch noch gelingen, das endgültige Aus für das Jugendradio zu verhindern? Zumindest hatte *MDR*-Hörfunkchefin Karola Sommerey vor dem Kultur- und Medienausschuss des sachsen-anhaltinischen Landtages in Magdeburg erklärt, dass man beim Mitteldeutsche Rundfunk die Absicht habe, den Sender noch ein weiteres halbes Jahr auf der bisherigen Frequenz auszustrahlen. Wenig später teilte SPD-Sprecher Jürgen Kriesch der Deutschen Presseagentur mit, dass es in dieser Sache noch Probleme gäbe, da die bisherige Jugendradiofrequenz eigentlich ab 1. Januar an den Privatfunk vergeben sei. Nach seinen Angaben hatte der Landtagsausschuss noch am Abend den in Wernigerode tagenden Regierungschefs der Neuen Länder einen Entschließungsantrag zugeleitet, in dem der Erhalt von *DT64* gefordert wurde. Auch von anderen SPD-Politikern gab es ermutigende Signale. So begrüßten die Landtagsabgeordneten Lutz Kühn und Lothar Bina die Erklärung der *MDR*-Hörfunkchefin, den Sender ein halbes Jahr weiterzuführen. Dies sei die Bestätigung des starken Wunsches vieler Jugendlicher, den ihnen ans Herz gewachsenen Sender weiter zu hören. Die neue Haltung des *MDR* sollte ein Signal sein, den Sender gänzlich zu erhalten. Einen Tag später, am 13.12.1991, bestätigte *MDR*-Intendant Udo Reiter in einem Interview, dass man *DT64* auf ein halbes Jahr befristet weiterführen wolle.

Doch dann die nächste Enttäuschung: Nur wenige Stunden später erklärte *ORB*-Hörfunkdirektor Gerhard Hirschfeld gegenüber der *DT64-Chefradaktion*, dass der *Ostdeutsche Rundfunk Brandenburg* nicht bereit sei, eine Weiterführung von *DT64* mitzutragen. Unter dem Titel *Rockradio B* plane man ein eigenes Jugendprogramm und werde dazu acht *DT64-Redakteuren* Verträge anbieten. Erst jetzt wurde bekannt: Bereits am 21. November 1991 hatten sich *ORB* und

SFB auf die Ausstrahlung einer gemeinsamen Jugendwelle geeinigt. Diese sollte unter dem Namen *Rockradio B* auf den bisherigen Landesfrequenzen von *DT64* ausgestrahlt werden. Wolfgang Martin, ehemaliger Chefredakteur Musik bei *DT64*, war ab 1. Januar mit der Gründung der neuen Jugendwelle beauftragt worden.

Hirschfelds Absage bedeutete einen schweren Rückschlag für alle diejenigen, die *Jugendradio DT64* erhalten wollten: Zum einen gefährdete das gezielte Abwerben von Mitarbeitern nicht nur die Weiterführung, sondern auch das besondere inhaltliche Profil des Programms. Zum anderen bedeutete dies auch den Verlust des einzigartigen Musikarchivs von *DT64*. Dieses enthielt etwa 30.000 Schallplatten und CD's, auf die der ORB jetzt im Zuge der Vermögensverteilung des ehemaligen DDR-Rundfunks Anspruch hatte.

Weder die 400.000 Unterstützer-Unterschriften für den Erhalt von *DT64*, noch die Demonstrationen Zehntausender jugendlicher Hörer oder auch die tagelange Besetzung des Potsdamer Staatskanzlei durch *DT64-Fans* hatte ein Umdenken bei den zuständigen Entscheidungsträgern in Berlin/ Brandenburg bewirkt.

Mit dem 31. Dezember 1991 nahte der Tag der endgültigen Abschaltung von Jugendradio. In der Redaktion des Senders in der Berliner Nalepastraße herrschte Endzeitstimmung: Warum war vom *MDR* nichts mehr zu hören? Hatte man die Absichtserklärung, das Programm weiterführen zu wollen, überhaupt ernst gemeint? Wilde Gerüchte kursierten, dass das Jugendradio zunächst „entideologisiert" werden solle, dass es sich von *DT64* in DT92 umbenennen müsse. Und dann blieb da noch die Frage, wie es nach dem halben Jahr Sendeverlängerung weitergehen sollte? Hatte es wirklich noch Sinn, zu hoffen?

Viele der noch verbliebenen Mitarbeiter verließen in diesen Tagen den Sender und nahmen, wenn sie sich ihnen in dieser Situation überhaupt boten, andere Jobangebote an. Auch der Abbau der Technik hatte bereits begonnen: Telefonleitungen wurden gekappt, verbliebene Musikarchive aufgelöst, Bandmaschinen zu Schnäppchenpreisen verschleudert. Die Abwicklung lief auf vollen Touren, als am 29. Dezember die erlösende Nachricht kam, dass *DT64* sein Programm weiter ausstrahlen könne – zumindest für das Sendegebiet des *MDR*.

Was war inzwischen geschehen? Zwei Wochen zuvor, am 13. Dezember 1991, hatten sich die Ministerpräsidenten der fünf neuen Bundesländer auf ihrer fünften Regionalkonferenz auf die befristete Weiterführung von *DT64* unter der Voraussetzung geeinigt, dass dem privaten Rundfunk keine Nachteile entstehen würden. Am 30. Dezember erklärte der *ORB*, dass *DT64* im Januar zunächst weiter auf den Frequenzen von Berlin-Brandenburg ausstrahlen solle. Einen Tag später einigten sich die Intendanten von *ORB* und *MDR*, Udo Reiter und Hans-Jürgen Rosenbauer, auf eine zeitlich befristete Kooperation zur Weiterführung von *DT64*. Im Ergebnis dessen sollte das neu gegründete *Rockradio B* bis zum 2. Februar 1992 täglich 21 Programmstunden von *DT64* übernehmen.

Doch die unsichere Lage um die Weiterführung des Senders hatte bereits ihren unüberhörbaren Tribut gefordert. Bereits in den letzten Dezemberwochen 1991 wurden immer stärkere Qualitätseinbußen im Programm hörbar. Das lag einerseits daran, dass viele Mitarbeiter und Moderatoren den Sender verlassen hatten. Damit konnte zum Beispiel das breite Musikprogramm nicht mehr abgesichert werden, das als ein wesentliches Markenzeichen von *DT64* galt. Die Folge war eine unüberhörbare Verflachung und Anpassung an übliche Mainstream-Sender. Gleichzeitig schien bei den Wortbeiträgen eine neue Selbstzensur einzusetzen. *DT64-Mitarbeiter* Jörg Wagner fasste dies in einem Interview für die Frankfurter Rundschau am 25. März 1992 zusammen: „Wir können zwar alles sagen, doch wir müssen irgendwie die politischen Konstellationen berücksichtigen, die unsere Fortexistenz garantieren sollen. Wenn wir zum Beispiel die Politik in Sachsen zu sehr kritisieren, sind wir vielleicht zu unbequem und dürfen nicht weitersenden. Das kommt nicht von außen, das ist in unseren Köpfen drin. Zurzeit sind wir nicht mehr so frech und forsch wie in den Wendetagen – wir bekommen wohl wieder mehr Profil, wenn es uns bessergeht."

Die Verschlechterung des Programms hatte Folgen. Eine im Mai 1992 von Infas-Bad Godesberg veröffentlichte Repräsentativumfrage zeigte, dass ein großer Teil der Jugendlichen in den neuen Ländern und Berlin nicht mehr mit dem Programmangebot von *DT64* zufrieden war. Nur noch drei Prozent der Bevölkerung in den verbliebenen Sendegebieten zählte zu den regelmäßigen Hörern. Diejenigen, die dem Programm allerdings weiterhin die Treue hielten, gaben dafür folgende Gründe an:

1) *DT64* berichte viel über die neuen Bundesländer und helfe beim Zusammenwachsen (33 Prozent)
2) Die Hörer würden in das Programm einbezogen. (32 Prozent)
3) Diese Frequenz sei frei von Werbung. (30 Prozent)

Trotz sinkender Konsumentenzahlen gab es weitere Aktionen von *DT64-Fans*, mit denen sie das Überleben des Senders sichern wollten. Dazu zählten eine kurzfristige Blockade der Glienicker Brücke, ein Ende Februar 1992 veranstalteter Fahrradcorso sowie eine vom „Netzwerk der Initiativen zum Erhalt von *DT64*" in Leipzig organisierte Konferenz.

Währenddessen versuchten die Verantwortlichen beim *MDR* freie UKW-Frequenzen für den Weiterbetrieb von *Jugendradio* zu ermitteln. Dies scheiterte jedoch am Widerstand der Landesregierungen von Sachsen-Anhalt und Thüringen. Damit stand der Rundfunkrat des *MDR* auf seiner 6. Sitzung vom 15. Juni 1992 erneut vor der schweren Entscheidung, das Jugendprogramm zum 1. Juli endgültig einstellen zu müssen. Doch man entschloss sich für einen weiteren Aufschub: *DT64* sollte bis zum 31. Dezember 1992 weiter auf Mittelwelle senden.

Am 19. Juni 1992 – kurz vor der Abschaltung seiner restlichen UKW-Frequenzen im *MDR*-Sendegebiet – fand *Jugendradio* noch einmal zu alter Frische zurück. Mit *Superradio 2000 O*, einer Parodie auf die Privatsender, meldete sich *DT64* an diesem Tag bei seinen Hörern, um ihnen einen sinnlichen Eindruck davon zu geben, was ab dem 1. Juli 1992 auf den bisherigen *Jugendradio*-Frequenzen zu hören sein würde: „Gute Laune, wann immer sie wollen!" Statt „Power

Süddeutsche Zeitung, Bild 00875311, Tobias Seeliger

Protest gegen die Abschaltung des ehemaligen DDR Jugendradios DT64, Berlin 1992.

von der Eastside“ – dem bisherigen Motto von *Jugendradio* – präsentierte Superradio gutgelaunte Moderatoren, hektische Talks, kurze Nachrichtenblöcke und gesponserte Zeitansagen: „Meine Prolex-Uhr zeigt jetzt 8 Uhr 35.“ Ergänzt wurde dies mit Werbespots wie „Probieren Sie Aknesil Ultra Pickel Creme! Mit zweiunddreißig noch Akne wie mit vierzehn! Probieren auch Sie Aknesil Ultra, einfach auftragen – und Ihr Gesicht blüht auf!“

Die Parodie war offenbar so nah an der Realität des Dudelfunks, dass irritierte *Jugendradio*-Fans in der Redaktion nachfragten, ob sie hier Fiction oder Reality zu hören bekommen würden. Die Betreiber privater Radiostationen reagierten schließlich wenig amüsiert mit einer Beschwerde beim *MDR*-Rundfunkrat.

Während die Einschaltquoten von *DT64* kurz vor der Abschaltung seiner letzten UKW-Frequenzen wieder auf 6,1 Prozent kletterten, gingen die Quoten für *Rockradio B* mit 1,5

Prozent in den Keller. Das Sendefenster, das zu Beginn des Jahres noch von *DT64* bestritten wurde, hatte nun das *SFB-Jugendradio 4U* belegt.

Joachim Günter, medienpolitischer Sprecher der SPD kommentierte diesen Umstand so: „Es ist offensichtlich, dass zwischen dem kleinen aber feinen *SFB*-Programm R*adio 4U* und dem Krampf-*Rockradio B* keine vernünftige Synthese herzustellen ist.“ Die Hörer waren nicht bereit, unausgereifte Programme, die eilig anstelle von *Jugendradio* ins Leben gerufen wurden, zu akzeptieren. Dafür trafen sich *DT64-Fans* in verschiedenen Jugendclubs, um ihr Lieblingsprogramm mit alten Röhrenempfängern weiter auf Mittelwelle 1044 kHz zu verfolgen.

Ende November 1992 ließ der *MDR*-Rundfunkrat verlauten, dass man die Möglichkeit einer Satellitenabstrahlung für das Jugendradio prüfen wolle. Das rief die Sächsische Landesregierung als Aufsichtsbehörde des *MDR* auf den Plan, die erklärte, dass man dies – in Abstimmung mit den Ländern Thüringen und Sachsen-Anhalt auf keinen Fall zulassen werde. Stattdessen forderte man die Integration von *DT64-Programmelementen* in das Programm von *MDR-life* (heute *MDR-Jump*).

Die Landesregierungen beriefen sich bei ihrer Ablehnung auf den Medienstaatsvertrag vom 30. Mai 1991, der dem *MDR* im Hörfunk eine Frequenz auf Mittelwelle und drei auf UKW zuwies. Daraufhin meldete sich *MDR*-Intendant Udo Reiter zu Wort, der eine Integration von *DT64* in das bestehende Programm von *MDR-live* ablehnte.

Das Vorgehen der Sächsischen Staatskanzlei stieß bei vielen Jugendlichen auf Widerspruch, Verärgerung und Wut. Erneute Proteste waren die Folge. Mit der Entscheidung gegen Jugendradio – so der Vorwurf – wolle man einseitig die Privatanbieter fördern. Schließlich ruderte die Sächsische Staatskanzlei zurück. Die Forderung nach endgültiger Abschaltung von *Jugendradio DT64* wurde zurückgenommen. Am 7.1.1993 erklärte der sächsische Regierungssprecher Michael Sagurna schließlich in dieser Sache: „1. Die sächsische Staatsregierung hat zu keinem Zeitpunkt davon gesprochen oder beabsichtigt, *DT64* zum 31.12.1992 abzuschalten oder die weitere Ausstrahlung auf Mittelwelle zu untersagen. 2. Die Ausstrahlung von *DT64* auf Mittelwelle ist dennoch natürlich von Anfang an als ein nur vorübergehender Zustand zu verstehen gewesen. Sie ist mit dem *MDR*-Staatsvertrag auf Dauer nicht vereinbar und im Übrigen für ein Programm wie *DT64*, das seine Attraktivität auch aus musikalischen Beiträgen zieht, eher schädlich."

Zwei Wochen später, am 18. Januar 1993, beschloss der *MDR*-Rundfunkrat, das Jugendradio künftig in Halle zu produzieren und dessen Programm ab Sommer 1993 über Satellit europaweit auszustrahlen. Einen Tag später bestätigte *MDR*-Hörfunkdirektorin Karola Sommerey, dass das Jugendradio des Mitteldeutschen Rundfunks *DT64* als Vollprogramm erhalten bleiben würde – fortan unter dem neuen Namen *MDR-Sputnik*.

Ende gut, alles gut?

„Ab dem 1. März 1993 um 9 Uhr ist *DT64* wieder in Stereo zu empfangen – Live und in Farbe!" Mit diesen Worten begrüßte Moderatorin Katja Weise in der Sendung *Take Five* ihre Hörer via Satellit. War dies endlich der mühsam erkämpfte Erfolg?

Nach dem Neustart beim *MDR* bekam das Jugendradio zwar den neuen Namen *Sputnik*, übernahm aber zunächst das Programmschema von *DT64*. Sendungen wie *Morgenrock, Take Five, Rush Hour, Schlafstörung* und Formate wie *Grenzpunkt Null, Deutschland im Stau* und *Dr. Kaos* genossen in den 90er Jahren Kultstatus. Drei Jahre später war der Sender damit auch im Berliner Kabel zu hören. Das Ereignis wurde in den Berliner Stadtmagazinen als die Rückkehr des Kultradios beworben.

Nach der endgültigen Abwicklung des DDR-Rundfunks saß die Redaktion noch eine Weile im ehemaligen Funkhaus in der Berliner Nalepastraße – Tür an Tür mit den Kollegen von *Fritz*, dem Jugendradio des Ostdeutschen Rundfunks Brandenburg.

Fritz war inzwischen aus dem 1992 gestarteten *Rockradio B* hervorgegangen, dessen Team, wie in Kapitel 16 bereits geschildert – überwiegend aus abgeworbenen Mitarbeitern von *DT64* bestand. Als Chefredakteurin amtierte die ehemalige *DT64-Journalistin* Silke Hasselmann. Im Januar 1992 startete man zunächst mit dem dreistündigen Nachmittagsprogramm Check In, das ab 15 Uhr zu hören war. In der restlichen Zeit konnte man hier vorerst weiter *DT64* hören. Nach der UKW-Abschaltung von *DT64* Ende Juni 1992 erfolgte eine Programmübernahme von *SFB-Radio 4U*.

Bereits ab Februar 1992 wurde das Programm von *Rockradio B* weiter ausgebaut, unter anderem mit dem Morgenmagazin *Aufschwung B* sowie abends mit den Sendungen *Sprechfunk* mit Jürgen Kuttner oder dem *Parocktikum* von Lutz Schramm. Jürgen König, ebenfalls ein ehemaliger Rockradio-B-Moderator, äußerte sich rückblickend zum Programm: „Ein Jahr lang totale programmliche Anarchie und ein Musikprogramm mit der Maxime: Hauptsache hart und unbekannt. Hat einen Höllenspaß gemacht, mit der ‚kleinen' Einschränkung, dass man als Hörer nach zwei Stunden physisch und psychisch am Ende war."

Mit der Entscheidung von *ORB* und *SFB*, ein gemeinsames Jugendprogramm zu veranstalten, wurde *Radio 4U* am 31. Dezember 1992 eingestellt. Mit dem Sendestart des neuen Jugendradios *Fritz* am 1. März 1993 endete auch das Programm von *Rockradio B*. Sein Nachfolger *Fritz* sollte eine stärkere kommerzielle Ausrichtung bekommen. Dieses Konzept basierte im Wesentlichen auf der Programmstruktur von *Radio U4* vom *SFB*. Ein alternatives Konzept, das im Wesentlichen von den ehemaligen *DT64-/Rockradio-B*-Mitarbeitern vorgelegt wurde, fand keine Berücksichtigung. Zu denjenigen, die daraufhin die Redaktion verließen, gehörten Silke Hasselmann, Jürgen Balitzki und Lutz Schramm.

Ende 1993 zog die *Fritz*-Redaktion von der Berliner Nalepastraße nach Potsdam in die neuen Sendestudios des ORB um. Diese entstanden am Rande des ehemaligen DEFA-Studiogeländes in Babelsberg.

Auch für die beim *DT64-Nachfolger MDR-Sputnik* verbliebenen Kollegen wurde ein Umzug ins neue Sendegebiet unausweichlich. Im November 1993 war es soweit: Die Redaktion des Jugendradios zog von Berlin nach Halle um – dort zunächst in ein Redaktionsbüro am Waisenhausring. Die letzte Sendung aus Berlin war der *Zeitgeist* mit Karla Schlender und Karsten Blumenthal, die erste Sendung aus Halle war die *Rush Hour* mit André Bochow.

1999 musste die *Sputnik*-Redaktion noch einmal umziehen, jetzt allerdings nur wenige Meter weiter in die zu diesem Zeitpunkt neu erbaute *MDR*-Hörfunkzentrale in der Gerberstraße.

Seit 1999 gab es bei *MDR-Sputnik* mehrere Programmreformen sowie eine starke Erweiterung des Online-Angebotes. Im Gegensatz zum Vorgänger *DT64* ist das heutige Programm stark vereinfacht. Journalistische Inhalte werden weniger – mit Ausnahme des abendlichen Nachrichtenmagazins Tagesupdate – transportiert. Die Musikauswahl reduziert sich auf Rock, Pop und Elektropop mit alternativer Richtung.

Fritz, das Jugendradio des heutigen *RBB* hat sich bis heute den Ruf bewahrt, viel stärker in der Tradition von *DT64* zu stehen. So werden zum Beispiel in der Mittagssendung *High Noon* von Montag bis Freitag zwischen 12.00 und 13.00 Uhr tagesaktuelle Themen diskutiert.

Eine weitere Wortstrecke – ebenfalls von Montag bis Freitag sowie sonntags von 22.00 bis 0.00 Uhr – bildet das Talkformat *Blue Moon*. Hier geht es um jugendrelevanten Themen wie zum Beispiel Ausbildung, Politik, Beziehungen, Freizeit, Multimedia etc. geht.

Fritz sendet Nachrichten, Reportagen, Rezensionen, Talks, Kulturberichte, Lesungen und Live-Übertragungen von Konzerten und Events, die im gesamten Tagesprogramm zu finden sind.

In seiner Musikauswahl bietet *Fritz* Independent, Urban, Electro, Hip-Hop, Folk oder Heavy Metal werden nach wie vor so gut wie alle Genres der aktuellen Popmusik erfasst.

Blickt man heute auf die Jahre 1990 bis 1993 zurück , stellt sich allerdings die Frage, warum *Jugendradio DT64* damals glaubwürdiger als andere ehemalige DDR-Medien war? Moderatorin Silke Hasselmann zumindest war davon selbst überrascht: „Sicherlich – im Nachhinein verklärt man vieles. *Jugendradio DT64* hatte zunächst auch nicht so ein Massenpublikum. Das ist wahrscheinlich erst in den anderthalb Jahren Wendezeit so entstanden, denn viele Hörer hatten immer noch viel zu kritisieren. Zum Beispiel die Musikfarbe. In den Tagesprogrammen gab es viel, was die Leute dann auch nicht hören wollten, zum Beispiel wenn man irgendwelche DDR-Songs gebracht hat. Damals gab es ja diese erst viel später einsetzende Ostalgie-Welle noch nicht. Viele Wortbeiträge waren den Hörern zu behäbig oder einfach zu langweilig, und so weiter. In dieser Zeit gab es wohl mal eine Erhebung, in der von 10 Prozent Marktanteil für das Jugendradio auf dem ehemaligen DDR-Gebiet die Rede war. Ob das abgesichert ist, weiß ich nicht. Aber damals hatten wir schon den Eindruck – nicht nur durch Höreranrufe oder -briefe – dass wir tatsächlich eine relevante Konstante im Radiogeschäft sind. Na ja, und dann wurden immer mehr Fanclubs gegründet. Einige kamen dann auch in die Nalepastraße, um den direkten Kontakt zu uns suchen. Oftmals sind wir selbst rausgegangen, um dann den direkten Kontakt zu den Fans zu haben.

Ich selbst war zu dem Zeitpunkt häufig in Dresden. Dort hatte sich wohl die zahlenmäßig größte Fangemeinde versammelt. Und das war schon enorm. Und speziell in Dresden gab's ja viele Demonstrationen. An einer habe ich dann mal teilgenommen, da schätzte die Polizei, waren Zehn- bis Fünfzehntausend Leute auf der Straße, die für den Erhalt von *Jugendradio DT64* demonstrierten. Ich weiß noch das, was mich tatsächlich am allermeisten überrascht hat, war, dass es vor allem junge Leute waren: Schüler, vielleicht auch Studenten, so in diesem Alter etwa. Und das fand ich total toll. Jetzt sah man: wir sind wirklich ein Jugendradio."

Auch Musikredakteur Wolfgang Martin hat sich über diese Zeit viele Gedanken gemacht: „Wir waren eigentlich ein bisschen trotzig, muss ich sagen. Wir haben gesagt: Jetzt erst recht! Wir sind das Sprachrohr der Jugend in der ehemaligen DDR oder im Osten. Wir sind als solches auch angenommen oder akzeptiert worden. Also es gab ja eine überwältigende Zustimmung. Das kann man alles dokumentarisch nachvollziehen anhand der Versuche, den Sender abzuschalten. Ich glaube, es war ja deutschlandweit, international ein ziemlich einzigartiger Vorgang, dass Menschen für die Erhaltung eines Radioprogramms auf die Straße gehen. Jetzt ging es ja nicht mehr darum, die Musik zu spielen, an die nun letztlich jeder herangekommen wäre. Die Herausforderung war eine viel Größere und Schwierigere zugleich. Wir mussten jetzt beweisen, dass wir die drängenden Themen der Wendezeit anpacken konnten. Wir wären unglaubwürdig geworden, hätten wir manches aus opportunistischen Gründen aussortiert. Ich glaube, wir haben relativ früh erkannt, was die Wende und diese ganzen Veränderungen auch an neuen Problemen für jeden einzelnen mit sich bringt. Und die Hörer haben es uns gedankt, dass wir sie da irgendwo nicht im Stich gelassen haben."

Anhang: DT64 in Originaltönen

Ansprache von Gerhart Eisler zum Sendestart des Sonderstudios Deutschlandtreffen, 15.5.1964

Liebe Freunde, ich möchte mich erst vorstellen. Ich heiße Gerhardt Eisler, ich bin der Vorsitzende des staatlichen Rundfunkkomitees und wünsche Euch im Namen aller Mitarbeiter des Rundfunks und des Fernsehens einen herzlichen Empfang. Und zwar tue ich das über die Ätherwellen Eures Senders *DT64*. Über diese Welle des Senders *DT64* werdet Ihr ständig informiert. Und unser Kundendienst wird Euch selbstverständlich auf persönliche Fragen Antwort geben. Liebe Freunde! Und wenn Ihr Fragen an mich oder jemand andern habt, stellt sie dem Kundendienst. Die Telefonnummer 55 51 41 – ich wiederhole: die Telefonnummer 55 51 41 ist für Euch da. Benützt sie! Sie wird Eure Wünsche erfüllen, auf Eure Fragen antworten. Für das Deutschlandtreffen wünsche ich Euch soviel Freude und soviel Spaß, dass es für 10 Jahre ausreicht. Euer Professor Gerhardt Eisler.

Sendestart des Sonderstudios Deutschlandtreffen, 15.5.1964

Sprecher: 15. Mai 1964.
Sprecherin: Zum dritten Mal rüstet sich Berlin zum Empfang der deutschen Jugend.
Sprecher: Sonderzüge rattern über die Schienenstränge.
Sprecherin: Omnibusse und Lastkraftwagen rollen über die Autobahn.
Sprecher: MZ und JAWA knattern Berlin entgegen.
Sprecherin: Und auch Fahrrad und Boot befördern junge Pfingstgäste.
Moderator: Ja Siggi, jetzt müssten wir unser Sonderstudio sozusagen einweihen und praktisch vom Stapel laufen lassen.
Siggi: Tja, ich muss sagen, ich mach das das erste Mal, so einen Stapellauf. Wen lassen wir denn das am besten machen? Ich bin hier recht ungern so offiziell so, mit Sektfla-

sche und an Schiffsrumpf werfen – ich weiß nicht, wie man das hier im Studio am besten machen kann.
Moderatorin: Na ich glaube, wir haben da unsern richtigen Mann, unsern Atze. Weißt du, der hat schon so manches vom Stapel gelassen. Und weißt du, warum nicht auch unser Sonderstudio Deutschlandtreffen?
Moderator: Na von mir aus, lassen wir Atze machen.
Ansage: Sonderstudio Deutschlandtreffen! Pfingsten in Berlin! Deutschlandtreffen der Jugend in der DDR!

DT64-Sonderstudioreporter Udo Krause vom Deutschlandtreffen, 16.5.1964

Bunte Tücher flattern im Wind. Ein herrliches buntes, optimistisches Bild voller Lebensfreude und Zukunftsgewissheit. Brausende Sprechchöre klingen auf den Rängen empor in den Himmel. Und wir, meine lieben Hörer, wir sind glücklich, über die Wellen unseres Jugendsenders *DT64* diese ereignisreichen Minuten übertragen zu haben. Überall dorthin, wo auf den Straßen des demokratischen Berlin noch Jugenddelegationen aus den Bezirken noch eben angekommen sind, sich formieren und nun im Programmplan nachschauen, wohin sie zuerst gehen in diesem reichhaltigen, vielseitigen, farbigen Programm, das jedem etwas bietet, den vielseitigen Interessen unserer Jugend, der das ganze Leben gehört, und die sich für das ganze Leben, für diese ganze bunte schöne Welt interessiert. Elektronik und Literatur, für Weltraumfahrt und Jazzmusik, Einstein und Strittmatter, Manfred Krug und Louis Armstrong, Valentina Tereschkowa und Ingrid Kremer. Das sind die Gestalten, denen sie nacheifern will. Und all das, für das sie sich interessiert, all die Menschen, die sie als ihre Idole in ihrem Herzen trägt. Das ist nichts Unerreichbares für sie. Denn dieses Leben gehört der Jugend. Diese Welt gehört der Jugend. Denn sie wird sozialistisch sein. Und friedlich. Dafür birgt sie, mit ihrem heißen Herzen, mit ihrer jungen Kraft.

Nachtreportage vom Deutschlandtreffen 16.5.1964

Erster Straßenreporter: Die Jugend ist einfach lustig. Selbst fast, wenn es 2 Uhr ist.
Zweiter Straßenreporter: Vier junge Männer mit Gitarren und ein Akkordeon dabei und jetzt wird geschunkelt nach dem „Vogelbeerbaum". Sag mal, du hast vom Singen nicht gerade die Ahnung...
Junger Mann: Doch, icke ja.
Zweiter Straßenreporter: Das scheint mir aber nicht so.
Moderator Kalle Neumann: Fünfhundertsechzigtausend junge Leute in Berlin.
Moderatorin Margarethe Ortner: Fünfundzwanzigtausend aus dem Westen Deutschlands.
Moderator Kalle Neumann: Das ist das Rendezvous, das ist das Gespräch in unserer Hauptstadt.
Moderatorin Margarethe Ortner: Und so wogt das Fest vierundzwanzig Stunden am Tage.

Ansage für das tägliche Nachmittagsmagazin Jugendstudio DT64, Moderator Joachim Dresdner (1981)

16 Uhr. Hier ist der *Berliner Rundfunk* (Musik).
Hier ist der *Berliner Rundfunk* mit der Sendung *DT64*! (Musik)
Über UKW und Mittelwellen. (Musik)
Drei Stunden Musik und gute Worte. (Musik)
Eine Donnerstagssendung, bei der die Zutaten stimmen, weil Hanno als Koch da Ahnung hat – sogar an Knoblauch hat er gedacht, wie ich rieche. (Musik)
Es verkosten weiter: den Dezibel-Salat, auch Ton genannt – Matthias. (Musik)
Die würzige, vielleicht etwas seifige Soundsoße – der Klaus! (Musik)
Den Anschluss unter dieser Nummer: 5509431, Uwe1! (Musik)
Wir haben nachher nämlich noch'n andern Uwe. (Musik)
Allen Tachchen, Tachchen, sagt der Achim! (Musik)

Zwischenmoderation Jugendstudio DT64, Moderator Joachim Dresdner (1981)

Ich würde auch gern ein bisschen naschen, aber man rät mir jetzt schlankweg, das heutige Rezept zu verraten: Wenn ihr also notieren wollt: (Musik)
16 Uhr 10: Wir schreiben mal wieder 'ne Mathearbeit, Zensuren keine. Preise: Hm doch ja. (Musik)
16.45 Uhr: Eine FDJ-Zentralratsdelegation unter Egon Krenz wird von Uwe 2 bei ihrem Besuch eines Truppenteils unserer Volksarmee begleitet. (Musik)
Im Wald von Tarandt, da steht kein Gerüst, so sagt's die Beate, weil sie dort gewesen ist. Also über künftige Waldmänner gegen 17.50 Uhr. (Musik)
18.17 Uhr genau: Klubtime. Tanja stellt weitere Teilnehmer am Festival des politischen Liedes vor, und zwar aus Portugal, Großbritannien, Griechenland, Chile, DDR. (Musik)

„Damenwahl“ – Magazinbeitrag aus der DT64-Reihe „Die Liebe ist keine Himmelsmacht“, Autorin Anita Wagner, Moderator: Klaus Fest, Datierung: Anfang der 70er-Jahre

Studiomoderator: Fängt mit L an und hört mit E auf. Laube. Na es könnte sein. Aber was sollten wir mit 'ner Laube. Liebeslaube. Halt, ich hab's: Liebe. Dass man auf das naheliegende nie zuerst kommt: Also Liebe. Das ist es. Das Stichwort für die 4. Folge unserer Sendereihe
Jingle: Die Liebe ist keine Himmelsmacht.
Erster Jugendlicher: Ja, das find ich albern, wenn ein Mädchen... warum soll sie denn nicht zeigen, wenn sie den Jungen gut findet. Und darauf anspringt. Warum soll das nicht so sein. Warum soll der Junge immer selber kommen?
Zweiter Jugendlicher: Na, es kommt immer darauf an, ob ich den Junge kenne oder nicht. Na so einfach ... da würde ich ein bisschen Hemmungen haben. Aber 'nen Jungen, den ich lange gut kenne, ja warum nicht.
Sprecher: Es gibt objektiv gesehen nichts, was uns daran hindern würde, die für Mädchen beschämende Damenwahl abzuschaffen. Beschämend deshalb, weil den Mädchen

durch sie sehr deutlich gesagt wird, dass sie sonst nicht das Recht zur Wahl haben. Die Damenwahl ist im Grunde genommen so etwas wie eine Gnade. Und vielleicht finden das auch viele Mädchen so und nutzen sie deshalb nicht. Argumente wie: „Ich glaube nicht, dass sich das durchsetzen wird.“ oder „Es sieht besser aus, wenn die Jungen auffordern.“ sind keine. Finden wir. Und ihr? Oder seid ihr gar der Meinung, dass eine Gleichberechtigung auf dem Tanzboden nicht erstrebenswert wäre? Dann lasst es uns wissen.

„Politkirmes“ – Magazinbeitrag für das tägliche Nachmittagsmagazin Jugendstudio DT64 (1978)

Reporterin: Wer sich in diesen Tagen auf angenehme und intelligente Weise unterhalten lassen möchte, geht in den Palast der Republik, in die Volksbühne oder in die Kongresshalle am Alexanderplatz, also dorthin, wo Rote Lieder aus aller Welt erklingen.

Politkirmes, das bedeutet internationale Programme von 19.00 bis 24.00 Uhr in drei Sälen, Agitshops in den Wandelgängen, Pantomime, Puppenspiel, Solibasar, Spezialitätenessen mit echt russischem Bytotschky und Pelmeni, Tee aus dem Samowar, Bortsch ganz frisch und heiß. Viel begehrt waren bedruckte Hemden, die reißenden Absatz fanden.

An dieser Stelle wechselt der Beitrag in den Originalton vom Solidaritätsbasar.

Frage: Und mit welchem Emblem haben Sie die Hemden gekauft?

Antwort: Einmal der Sowjetstern, dann die Solifaust und Lenin – Roter Oktober.

Frage: Du kaufst gerade einen Bilderrahmen, der kostet einfach zwei Mark zwanzig. Gibt’s noch n’ Solipreis drauf.

Antwort: Das mach ich gerne, zur Unterstützung, damit sie sich irgendwas aufbauen können in der Volkswirtschaft, wo’s eingesetzt wird.

Frage: Ich habe mich hinter den Stand geschummelt, und hier werden gekauft selbstgemachte Leuchter aus Holz, hübsch angemalt in Schwarz und Rot, Fotografien, Plakate,

Abzeichen, Mützen, T-Shirt bedruckt mit Symbolen von der Oktoberrevolution mit Lenin, mit Hammer und Sichel, hübsche Ketten, auch selbstgemachte Blusen. Dann gehäkelte Schals. Jetzt wird wieder eine Tasche gesucht und die letzte Bluse geht gleich weg – eine schöne weiße. Wer hat denn diese weiße Bluse gemacht?
Antwort: Eine Frau, die privat arbeitet.
Frage: Was wird denn am meisten nachgefragt?
Antwort: Bedruckte Taschen.
Frage: Und die sind natürlich schon weg?
Antwort: Ja klar.
Frage: Da kann ich ja voller Stolz sagen, ich habe eine abgekriegt.
Antwort: Schön.
Frage: Und in der Kasse klimpert schon das Geld?
Antwort: Der Stern ist eigentlich ooch sehr gefragt.
Frage: Der rote Stern mit Hammer und Sichel. Kann man sich ja mitmachen, an Aufschläge bei Anzügen. An Blusen, an Pullover, wo man will, ja? Und wo habt ihr die Abzeichen her?
Antwort: Ja da hatten wir einen von uns, der hatte Verbindung zur Sowjetischen Armee. Und ist hingegangen zur Armee direkt hin und hat das dann dort organisieren können. Mit viel Rennerei, aber trotzdem ha'm wir's noch packen können.
Frage: Und die sowjetischen Freunde haben das einfach so gegeben?
Antwort: Nein, so einfach war das gar nicht. Bisschen Überredungskunst, weil er eben perfekt Russisch spricht und da war das nicht so problematisch.
Frage: Aha. Gawaritje Parusski – und dann gibt es schöne Abzeichen?
Antwort: Ja.
Frage: Und ich sehe, dass du dir hier gerade ein Poster mit Ho Chi Min einwickelst? Wo soll'n das hinkommen?
Antwort: In die Wohnung. Ins Wohnzimmer.
Frage: So'n großes Gewühl herrscht hier am Stand mit den politischen Plakaten. Welche geh'n denn am besten?
Antwort: Am besten Marx, Engels, Lenin, die sind alle weg. Der kleene Lenin is' noch da. Aber ansonsten würde ich sa-

gen: Uruguay, mit diesem Gemälde. Dann sehr gut geht auch dieses Solidaritätsplakat für Angola. Die Solidaritätskalender für Chile, Afrika, Vietnam und Palästina. Tja, was ha'm wir noch...?
Frage: Und was kosten die Plakate im Schnitt?
Antwort: Die Plakate kosten eine Mark fünfzig im Schnitt und Kunstdrucke drei Mark.
Frage: Und wo kommt das Geld hin?
Antwort: Das Geld geht ausschließlich in die Solidarität.

Moderation in der Wertungssendung „DT64-Metronom" über die Tendenz zu deutlich kürzeren Musiktiteln mit alltagsbezogenen Texten in der DDR-Rockmusik (30.11.1982)

Woran das liegt? Wahrscheinlich daran, dass es nicht mehr so viel schwebt, seufzt, golden flimmert und sturmflutet in unserer Rockszene, sondern dass sich unsere Gruppen wieder mehr auf der Erde bewegen, die doch im Alltagsgeschehen wahrscheinlich genug vertonbaren Stoff anbietet. Und auch der Humor kommt allmählich wieder zu seinem Recht. Da muss man sich schon knapphalten, wenn die Pointe sitzen soll.

Anmoderation zu Duett – Musik für den Rekorder (undatiert)

Aufnahmen mit der Gruppe Transit erklingen im zweiten Teil unserer heutigen Duett-Sendung. Diese Formation besteht seit 1975 und wurde von dem dienstältesten Rockmusiker Berlins, dem Sänger und Gitarristen Egon Linde gegründet. Neben ihm musizieren noch der Keyboardspieler Siegfried Scholz, der Schlagzeuger Detlef Herm und Uli Schauf. Die beiden letzteren sind Amateure und haben ihren Einstand auch schon bei Rundfunk- und Fernsehproduktionen gegeben. Das Bestreben der Gruppe ist es, liedhaften Rock zu spielen. Ein besonderer Erfolg der Gruppe Transit war der Titel „Bernsteinhexe", dem Motive eines alten Volksliedes zugrunde liegen. Hören Sie von Transit „Bernsteinhexe", „Sommertage", „Ein Mädchen wie du", „Heinrich der Kneiper", „Das passiert in den besten Familien" und „Sturmflut".

Weiterführende Literatur

Andreas Ulrich und Jörg Wagner (Hrsg.). *DT64* Das Buch zum Jugendradio 1964 – 1993. Thom Verlag, Leipzig 1993

Christian Könne. Der Hörfunk der DDR in den 1960er Jahren. Verlag für Berlin-Brandenburg/Deutsches Rundfunkarchiv, Berlin 2010.

Klaus Arnold und Christoph Classen (Hrsg.). Zwischen Pop und Propaganda. Radio in der DDR. Christoph Links Verlag, Berlin 2004

Edward Larkey. Roter Rockradio. Populäre Musik und die Kommerzialisierung des DDR-Rundfunks. LIT-Verlag Dr. W. Hopf, Berlin 2007

Reiner Stein. Vom Fernsehen und Radio der DDR zur ARD. Die Entwicklung und Neuordnung des Rundfunkwesens in den Neuen Bundesländern. Tectum Verlag, Marburg 2000

Ronald Galenza, Kerstin Topp, Philip Meinhold (Hrsg.). An, laut, stark. Fritz – Das Buch zum Radio. Schwarzkopf und Schwarzkopf, Berlin 2003

Stefan Zahlmann (Hrsg.). Wie im Westen, nur anders: Medien in der DDR. Panama-Verlag, Berlin 2010

Ronald Galenza und Heinz Havemeister. Wir wollen immer artig sein.... Punk, New Wave, HipHop, Independent-Szene in der DDR 1980-1990. Schwarzkopf und Schwarzkopf, Berlin 1999